积极心理学
活出幸福感

王孝清◎著

中国书籍出版社
China Book Press

图书在版编目 (CIP) 数据

积极心理学：活出幸福感 / 王孝清著. -- 北京：中国书籍出版社, 2022.7
ISBN 978-7-5068-9106-6

Ⅰ. ①积… Ⅱ. ①王… Ⅲ. ①普通心理学 - 研究 Ⅳ. ① B84

中国版本图书馆 CIP 数据核字（2022）第 133987 号

积极心理学：活出幸福感

王孝清　著

责任编辑	邹　浩
责任印制	孙马飞　马　芝
封面设计	尚书堂
出版发行	中国书籍出版社
地　　址	北京市丰台区三路居路 97 号（邮编：100073）
电　　话	（010）52257143（总编室）　（010）52257140（发行部）
电子邮箱	eo@chinabp.com.cn
经　　销	全国新华书店
印　　厂	三河市德贤弘印务有限公司
开　　本	710 毫米 ×1000 毫米　1/16
字　　数	160 千字
印　　张	14
版　　次	2023 年 3 月第 1 版
印　　次	2023 年 3 月第 1 次印刷
书　　号	ISBN 978-7-5068-9106-6
定　　价	56.00 元

版权所有　翻印必究

前 言
PREFACE

在现在这个快节奏的社会中，每个人都在忙碌着，忙着学习，忙着工作，忙着生活，这种忙碌是为了获取丰富的知识，谋求更好的发展，享受更好的生活，归根结底是为了追寻心中渴望已久的幸福感。

生活不可能诸事顺遂，遇到一点小事，便情绪消极，整日消沉，不可能会获得幸福；一有挫折，便想着放弃，缺乏勇气和信念，也不会获得幸福；面对未来，没有目标，缺乏自信，更不会获得幸福。其实，幸福离我们并不遥远，就看你以一种什么样的心态来对待这个世界，如果持一种消极心态，那么幸福会离你越来越远；如果持一种积极心态，你会发现，幸福就在身边。

如果不想幸福远离你，请时刻保持积极的心态。本书旨在让渴望幸福的你透彻了解积极心理学，培养积极的心理状态，活出幸福感。本书首先带你了解积极心理学，认识一个不一样的心灵世界，探索幸福的奥秘；其次帮你造就积极的自我，时刻向阳而生；再次帮你建立积极的关系，与人真诚相待；接着锻炼你的逆境反击能力，让你在逆境中不断成长；最后让你养成专注、自信等品格，助你实现人生梦想。

本书包含丰富的知识，但这些知识的表述绝不枯燥乏味，而是生动有趣，引人入胜。本书也包含大量案例故事，这些故事富含哲理，具有深刻的启迪作用。本书的目的亦十分明确，那就是让广大读者时刻拥有积极的心态，活出幸福感。

怀揣积极、乐观的心态，蓝天会更蓝，花儿会更香，困难将不再是困难，梦想将不再遥远，幸福就在身边！

作　者

2021 年 8 月

目 录
CONTENTS

第一章

积极心理学，不一样的心灵世界 / 1

什么是积极心理学 / 5

一路走来的积极心理学 / 9

积极心理学的魅力所在 / 15

积极情绪和消极情绪 / 19

第二章

拥抱好情绪，活出幸福感 / 25

何谓幸福感 / 29

幸福的奥秘是什么 / 33

幸福在哪里 / 39

谁在影响你的幸福感 / 45

拥抱积极情绪，活出幸福感 / 51

第三章

向阳而生，造就积极的自我 / 57

甩掉消极情绪，拒绝消极情绪的纠缠 / 61

保持一颗乐观的心，拥抱蜂拥而至的快乐 / 65

满怀希望之心，静等幸福来敲门 / 71

宽容他人，也包容自己 / 75

怀揣一颗感恩的心 / 79

心中有爱，人间值得 / 83

赠人玫瑰，手有余香 / 87

放松自己，享受从容 / 91

保持热情，时刻活在春天里 / 95

第四章

真诚以待，建立积极关系 / 101

与人交往贵在真诚 / 105

高情商，让你在人际交往中游刃有余 / 109

关爱与赞美，让亲子关系更紧密 / 115

学会倾听，让婚姻关系更美好 / 121

与原生家庭和解，优化与父母的关系 / 127

懂得珍惜，让友谊之花开得更灿烂 / 131

掌控情绪，职场人际关系可以变得很和谐 / 137

第五章

绝地反击，在逆境中成长 / 143

面对挫折，不轻言放弃 / 147

百折不挠，在逆境中反弹 / 155

充满勇气，与困境博弈 / 163

坚定信念，就能绝地反击 / 171

第六章

心有多大，世界就有多大 / 179

心有目标，梦想就会照进现实 / 183

学无止境，用知识武装自己 / 189

创造力，为梦想插上翅膀 / 195

越专注，越成功 / 201

越自信，越优秀 / 207

参考文献 / 213

CHAPTER 1

第一章

积极心理学,不一样的心灵世界

源于对心灵的好奇，人们对心理学的探索从未终止过。但不可否认的是，过往的心理学多注重解释人类的认知过程，探究行为背后的心理现象等，即便涉及情绪，也多是从消极情绪出发去发现问题。直到积极心理学的出现，人们开始进入一个不一样的心灵世界，开始觉得心理学不那么深奥和遥远，并从中找到了获得快乐和幸福的路径。

什么是积极心理学

认识积极心理学

在忙忙碌碌、寻寻觅觅的生活中，每个人都在追寻自己想要的东西，归根结底都是在追寻幸福和快乐，而这都要从积极的情绪出发。试想，我们如果沉浸在悲伤、痛苦的情绪中，怎么还会有动力去追寻幸福呢？

积极的情绪源自积极的心理，这就涉及心理学领域的一个概念——积极心理学。

美国心理学家马丁·塞里格曼（Martin E.P. Seligman）在对传统心理学的反思中发现，传统心理学太过消极，认为新的心理学应该从

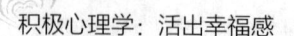

积极的角度来探究人的心理，并帮助人们获得快乐，找到幸福，于是提出了"积极心理学"的思想。就此，一种新的思潮诞生了，这对传统心理学造成了巨大冲击，并为传统心理学注入了新的血液和活力。

到底什么是积极心理学？目前并没有一个确切的定义，不过可以从两个方面来理解积极心理学。

第一，从广义上讲，积极心理学一改以往关注消极和疾病的习惯，开始将关注点放在优质品质的培养上。具体包含三个层面的含义：首先，关注人的积极主观体验，具体涉及人的幸福感、快乐感、乐观的态度等；其次，提供积极的心理特征，如爱的能力、人际交往技巧、坚韧的毅力、宽容、感恩、关注未来等；最后，关注积极的心理品质，如基本的美德、社会责任感、职业道德等。

第二，从狭义上讲，积极心理学主要涉及有价值的主观体验，如幸福感、快乐、希望、乐观、满意等。就个体而言，积极心理学关注积极的人格品质，诸如自信、爱、勇气、坚持、诚实、创造力、专注力等。就群体而言，积极心理学关注公众品质，包括文明、宽容、和睦、责任、利他等。

积极心理学为我们展示了一个别样的心灵世界，但不要误解，积极心理学并没有完全抛弃消极面，而是将关注的重点放在了积极面上，通过积极的心理去化解悲伤、焦虑、嫉妒、愤怒等消极情绪，怀揣积极、乐观、阳光的心态和情绪去面对生活、享受生活。

积极心理学与幸福感之间的关系

可以发现，积极心理学的内涵中离不开"幸福感"这个词，如果说积极心理学的核心理论是"美德假说"，那么其核心概念就是"幸福"。

积极心理学是获得和提升幸福感的基础，幸福感则是积极心理学的终极目标。一个人只有拥有积极的情绪和健康的身体，才有获得幸福和提升幸福感的机会。

马丁·塞里格曼从积极心理学的角度出发，将幸福分为三类，分别是快乐生活、充实生活和有意义的生活。

快乐生活就是将积极的情绪和快乐的情感放到最大，将消极的情绪和悲伤的情感缩至最小，它引领着人们无论在过去、现在还是将来，都以积极的态度来面对生活。

充实生活是指充分发挥个人的优势、才能和天分，在某些领域获得满足，达到亚里士多德所说的"美好生活"，拥有充实、丰满的人生。

但美好生活并非幸福的终点，有意义的生活才是理想的人生状态。不断奋斗，不断创造，超越自己，实现人生价值，这才是真正快乐的、充实的、幸福的人生。

积极心理学挥舞着"幸福"的大旗，在心理学领域举行了一场革命，它唤醒了人们沉睡已久的心灵，激发了人们追寻幸福的热情，并引领人们踏上通往幸福的道路。

一路走来的积极心理学

源于人本主义心理学的积极心理学

20世纪末期，在美国的心理学研究领域，兴起了一股新的心理学研究潮流，这就是影响至今的积极心理学方面的研究。积极心理学的诞生，给传统心理学注入了一股清新的力量，它一举扭转了先前心理学研究的方向，将研究的重点，从人的"心理问题"转向了人自身的"积极力量"，由此蓬勃发展，方兴未艾。

积极心理学的诞生，自有其特定的历史背景。早在20世纪30年代，一些心理学研究方面的专家，开始探讨天才和婚姻幸福感之间的关系问题，并逐步深入对人类生活意义的探索论证方面。

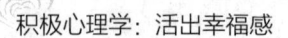

在这样的一个基础上，到了 20 世纪 60 年代，在心理学研究领域，出现了一种叫作"人本主义心理学"和"人体潜能"方面研究的分支，其代表人物是马斯洛和罗杰斯。

人本主义心理学，以人的积极性为研究的基石，赞赏并积极肯定人的自身价值和自我尊严，强调人文关怀，将人性里面昂扬向上的一面给着重突出出来，加以观察分析，以此来全面展现人自身所蕴藏的主动性、创造性以及积极性。

人本主义心理学研究分支的出现，在心理学研究领域是一大创举。应当说，人本主义心理学以及对人体潜能方面的探索，是积极心理学诞生的重要基础。

只是在当时特定的历史背景下，受第二次世界大战的影响，专家们的研究侧重点还在于如何治愈人们的战争创伤以及由此引发的精神方面的病患等，以此来缓解人们对战争的恐慌和行为紊乱等心理问题。

正因如此，这些心理学专家大都忽略了对积极心理学的进一步研究和挖掘工作，导致了积极心理学研究工作的严重滞后，甚至一度出现了中断的现象。这一历史时期，心理学研究的潮流和方向以消极心理学为主。

积极心理学奠基者马丁·塞里格曼针对这一历史时期心理学研究的现状指出："当一个国家或民族深受饥饿和战争的困扰时，社会科学和心理学的任务，主要是为了抵御和治疗人们的心理创伤；但在稳定的社会和平发展时期，如何让人们生活得更加美好，则成了心理学家身上的主要历史使命。"

所以，在特定的社会大环境背景下，尽管早在 20 世纪 60 年代就诞生了积极心理学的雏形，也即人本主义心理学，不过鉴于人本主义心理学研究在当时整个心理学研究方面的弱势地位，再加上人本主义心理学研究方面的学者大多依靠的是个人观察、主观体验等研究手段，没有扎实的实验手段作为实用证据支撑，于是极大地限制了积极心理学的进一步蜕变与发展。

积极心理学诞生的背景

伴随着社会的发展，人类的思想认识也有了新的变化，此时积极心理学的研究再次被世人重视起来。

比如伴随着科技的发展和经济水平的提升，人们思想上的困惑反而也越来越多，抑郁症、对周围一切的不安全感以及其他心理上的疾病，让更多的心理学研究领域专家不由陷入了反思之中：心理学的研究，如果只关注人类的痛苦，将整个研究的重点都放在如何解决人类的痛苦上，很多时候，不仅无助于痛苦的解决，反而会让人进一步深陷痛苦之中。由此形成了一个封闭的循环悖论怪圈：研究痛苦—解决痛苦—痛苦继续产生—再重新研究解决办法。

显然，人活在这个世界上，不仅要摆脱痛苦，更为重要的是，要不断地认识到自身的长处，肯定自我的价值和尊严，寻找到活下去的积极意义，这才是心理学研究需要重视的地方。

有鉴于此，马丁·塞里格曼在充分借鉴人本主义心理学研究的基础上，提出了以下心理学研究方面的三大使命。

一是从事人类消极心理方面的研究，以治疗人们因痛苦而产生的各种精神疾病。

二是从事人类积极心理方面的研究，让人类的生活更加充实且富有意义，培养乐观向上的正面情绪。

三是在获得快乐源泉的基础上，提升人的生活质量和幸福感，让人的才能和自我价值感得到充分体现。

在心理学研究三大使命提出之后，马丁·塞里格曼还进一步指出，在过去数十年间，心理学研究方面的专家太侧重于消极心理学的研究，忽略了对积极心理学的探索，在新的时代，要适当改变方向，将研究的重点放在积极心理学上面，以此促进心理学研究三大使命中后两项使命的大跨步发展。

积极心理学的概念自正式诞生以来，愈来愈多的心理学专家开始从事这一领域的研究，他们在研究中也逐渐发现，人类的积极品质和积极情绪，如幸福、发展、快乐、感恩、满足等，是人类赖以生存和发展的核心要素。对于任何人而言，想要从不幸和痛苦中解脱出来，以积极向上的姿态笑对人生，最为重要的，就是让人性阳光的一面得到全面的显现。

积极心理学研究的重大意义，也促使了这一心理学研究的分支在短短一二十年里，成为心理学领域的重要研究方向，受到世人的广泛关注，并由此引发了一场轰轰烈烈的积极心理学运动。

随着积极心理学运动的开展，在未来研究方向上，从事这一领域研究的学者，应把研究的重点放在如何塑造人的积极品质上面，也即幸福感、满足感、正面情绪培养等方面。相信伴随着神经心理学、脑科学、基因生物学等学科的长足进步，积极心理学研究必将更加完善。

积极心理学的魅力所在

积极心理学是给人"打鸡血"吗

积极心理学自诞生以来,受到了越来越多人的重视,其中的原因,就在于积极心理学诠释了人生的积极意义所在,给世人的人生发展指明了一个全新的方向。在此基础上,人们也进一步拓宽了对心理学的认知角度,不再将心理学当作一种单纯的研究人类心理疾病和精神障碍的学科。更为广泛意义上的心理学,是一种更为普遍的学科,它关注的重点还应在人类自身的健康和幸福上,带有强烈的积极正向性。

然而,一旦提到积极心理学,一些人便会给这一学科冠上"打鸡

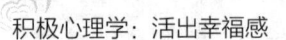

血"的名号。认为所谓的积极心理学，就是在给世人灌输"心灵鸡汤"，给处于人生低谷的人们"打鸡血"，看似正能量满满，实则一无是处。

但事实真的是这样吗？实际上，抱有这种观点的人们，主要在于混淆了"打鸡血""心灵鸡汤"和积极心理学之间的界限。那些励志的心灵鸡汤，固然可以使得人们一时热血沸腾，对未来的生活充满希望。可是很多时候，被"心灵鸡汤"鼓舞起来的人们在冷静之后发现，生活依旧是原来的样子，没有多少改变。

为什么会出现这样的情况？原因不难理解，所谓的"心灵鸡汤"，只是在陈述别人成功的故事，在现实中，限于各种因素的限制，不具有可操作性和模仿性，并没有给聆听者真正可以去实践、去改变的具体可行的方法，因此生活依旧，你依然是"昨日"的你。

不过积极心理学却不同。积极心理学作为一门严谨的学科，它所提出的学术观点，以及告诉人们看待生活和自身的新角度、新视角、新思维，都是经过实验论证的，在现实生活中极具实践性与可操作性。

也有一部分人认为，积极心理学只是专门为了给那些处于人生低谷、人生迷茫期的人看的，让饱受痛苦折磨的人能够从中寻找到得以解脱的方式。显然，这种看法也是对积极心理学的狭隘认识。

事实上，积极心理学不仅仅能够给予处于人生低谷期的人一种指引，更为重要的是，它在挖掘人的积极品行、培育人积极向上的生活态度方面，都有着许多有益的观点，可以成为人们生活前进道路上的指引和"伴侣"。

比如，积极心理学的奠基者马丁·塞里格曼先生所著的《教出乐观的孩子》一书，作为他的"幸福四部曲"之一的经典著作，对于广大的家长来说，就是一本难得的育儿宝典，有助于人们培养出生活态度积极和极具幸福特质的孩子。

凡此种种都充分说明，积极心理学，并非很多人所认为的肤浅的"心灵鸡汤"，它的受众，也并非处于人生低谷这一特定人群，实际上，它具有广泛的受众，应当引起更多人的关注与重视。

抛弃误区，全面认识积极心理学的魅力

无论是认为积极心理学是"打鸡血"，还是想当然地将这一门学科简单地看作给处于人生低谷的人群以指引，都失之偏颇。之所以出现这样的认知局限性，其中的原因自然在于人们还没有充分认识到这一心理学科的魅力所在。

魅力一：积极心理学揭示了一个全新的心灵世界。

积极心理学的研究领域非常宽广，除研究人类的幸福感之外，它还研究有关人类道德、创造力、生活的意义、意志力、利他行为等所有的正向行为，为世人揭示了一个不同于传统心理学的全新心灵世界。在积极心理学的指导下，人们不仅可以从逆境中走出来，同时也会从中明白如何建立更高质量的个人和社会生活，有助于人们以更加积极的情绪和心态来迎接生活的挑战。

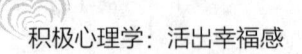

魅力二：积极心理学更朴实无华，拉近了大众和心理学之间的距离。

在人们以往的认知中，心理学是一门高大上的神秘的学科，然而自从积极心理学诞生之后，它研究的触角深入人类自身的美德、品行以及人格心理等方面，其理论内容通俗易懂，富有趣味性和指导性，由此在很大程度上打破了大众和心理学之间原有的隔阂。

魅力三：了解积极心理学，有助于人们明白自我快乐的原因所在。

人为什么会感到不快乐？为什么又会拥有快乐的感受？为什么有些快乐总是那样短暂、稍纵即逝呢？其实这一切的答案，都蕴含在积极心理学之内。

积极心理学通过研究发现，被消极情绪包围的人，很少有快乐，即使有值得他们快乐的事情，也只能维持很短的时间，很快便会被各种烦恼忧愁所冲散。反过来，拥有积极情绪的人，更容易保持快乐阳光、乐观自信的状态。

魅力四：积极心理学有助于人们更好地解决问题。

积极心理学，不仅让我们变得阳光自信，乐观向上；同时，当我们遭受挫折困苦时，积极心理学还会告诉我们：每一次磨难，都是个体一次难得的成长机遇，促使我们去积极面对，找对策，想办法，寻找解决问题的最佳途径。用实际行动证明自我有勇气、有能力将矛盾冲突化解于无形，从而百炼成钢，成为人们眼中生活的强者。

积极情绪和消极情绪

认识积极情绪和消极情绪

在现实生活中,积极情绪和消极情绪是人们经常谈论的话题,但是对于这两种情绪的认知,有些人还不是太清楚,总是简单地将喜悦的感受划归到积极情绪的范畴之中,而将愤怒、哀伤等不快乐的感受归到消极情绪的范畴之中。

显然,抱有这种认知的人们,并没有真正将两种情绪区分开来。要知道在不同的情况下产生的同一种情绪,有可能是积极情绪,也有可能是消极情绪,必须具体情况具体分析。

举一个简单的例子,一个人嫉妒成性,看不得别人好,每当有人在他跟前遭遇倒霉的事情时，这个人看在眼里，乐在心里，恨不能手舞足蹈，难道说，这个人身上所表现出来的"喜悦"情绪是积极情绪吗？

答案自然是否定的。他的这种"喜悦"，是建立在他人的痛苦之上，是嫉妒的心理得到了极大满足之后所表现出来的"畸形快乐"，因此具体到这种情况，这一类的喜悦情绪自然就不是什么积极的情绪，反而是一种消极情绪的典型写照。

再举例来说，当一个人付出大量的心血，经过无数的努力拼搏，终于取得了意想中的成功，内心感到无比高兴，因为太过激动，反而会出现"喜极而泣"的情绪表现，难道说，只是因为这个人哭泣了，就想当然地认为这是消极情绪的流露吗？

显而易见，这种看法是不对的，将积极情绪和消极情绪绝对化、简单化，无疑就是犯了哲学上"形而上学"的错误，看问题太死板，不知道根据实际情况来灵活地加以变通。

一般情况下，愉悦、兴奋、开心、激动等情绪感受，可以归为积极的情绪之中；而焦虑、忧愁、紧张、不安等情绪感受，可以归为消极情绪的范畴之内。不过这一简单划分，并不精准，也不全面。那么，对于积极情绪和消极情绪的划分，什么才是一个清晰的标准呢？

在心理学专家看来，判断哪些是积极情绪，哪些是消极情绪，主要是依据情绪对人产生的作用是什么。换言之，如果一种情绪对人起到的是促进和助力的作用，那么就可以归结到积极情绪的范畴之中；反之，如果一种情绪对人起到的是削弱和阻碍作用，那么就可以将其看作消极情绪。

进一步说，让人心态阳光乐观，能够不断地塑造人的美好品行的情绪感受，无疑属于积极情绪的阵营；而那些令人心胸狭隘、患得患失、嫉妒成性，让人逐步沉寂堕落，引发无限焦虑感的情绪感受，自然都可以归类到消极情绪的概念之内。

当然，还需要我们深刻认识的是，积极情绪并非完全是消极情绪的反面镜像，两者之间也不是"非此即彼"的二元对立关系。一方面，一个人不可能时时都能让自我具备积极情绪，这一点，即使是圣人也很难做到，我们必须承认消极情绪的存在。

另一方面，很多时候，消极情绪的存在，恰好是对积极情绪的一种有益补充，有助于我们从负面的心理感受中解脱出来，从而向阳而生，以更积极的姿态笑对生活。

也许有人对于积极情绪和消极情绪之间的辩证关系还感到有些模糊，为什么不能完全排斥掉消极情绪呢？被人看作负面感受的消极情绪，又为何是积极情绪的有益补充呢？

比如当我们遭受到不公正的对待时，对于常人来说，内心自然会充满了委屈、愤怒、憎恨等消极情绪，如何才能化解掉这些负面情绪呢？说一笑而过，视而不见，只是一种苍白的安慰而已，换作是你，难道真的能够做到一笑置之、坦然放下吗？

如果这个时候，我们通过一定的宣泄渠道，如痛痛快快发一顿牢骚，或是畅快淋漓地哭一场，这些看似是负面的行为，反而有助于化解我们内心诸多的消极情绪。当我们压力减轻，调整了心情之后，再去笑对生活，重新出发，是不是更加容易了一些呢？

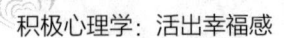

在实际生活中，有些人常常压抑自我的消极情绪，不知道通过一定的方式将这些负面的情绪宣泄掉，如此随着消极情绪积累得越来越多，最终会让人们做出种种不理智的行为，严重者甚至还会酿成人生的悲剧。

学会情绪调整，将消极情绪转化为积极情绪

生活中，人们总是被各种情绪包围着，在这些情绪中，有积极的情绪，也有诸多消极情绪。如果我们察觉自身有过多的消极情绪时，又该如何应对呢？这时，不妨使用情绪调整法，化负面情绪为正面情绪。

1. 多和朋友交流，通过倾诉来化解负面情绪

很多时候，我们会心情低落，郁郁寡欢。这时尽量不要让自己独处，那样反而会让负面情绪越发累积。正确的做法是走出去，和好友聚会畅谈，将心中的不快倾诉出来，自然就能化解掉诸多的消极情绪。

2. 多一些兴趣和爱好

兴趣和爱好，是缓解自我压力和不良情绪的一个好的宣泄渠道，所以当我们遭遇负面情绪的侵扰时，不妨捡起我们的兴趣爱好，练练书法，弹一弹吉他，内心将会因此轻松无比。倘若我们发现自己的兴趣爱好不多，不妨根据自己的喜好，适当培养一下，只要肯去发现，一定能够找到让自己快乐的方式。

3. 拥有阳光乐观的心态

任何时候，积极的心态总给人以鼓舞的力量。遇到任何困难，心态阳光的人，总能将困难想象成机遇和一种对自我的磨练，在这种心态驱使下，世界上没有能够让他们忧愁的事情。所以，请调整心情，修炼从容淡定的心境，让好的心态驱散负面情绪的干扰。

4. 运动和高质量的睡眠，有助于情绪的改善与调节

身心俱疲、情绪低落时，一场畅快淋漓的运动，会让人的心情获得极大的放松；同理，在极度厌倦时，一夜高质量的睡眠，也能让人烦恼顿消，精神百倍。这些生活上的小细节，其实都是改善自我不良情绪的好办法，当处于情绪低谷期时，不妨拿来一试。

积极心理学：活出幸福感

幸福宣言

☆ 积极心理学在心理学领域开创了一片新的天地，带领人们进入一个不一样的心灵世界。

☆ 积极心理学一路发展而来，一路散发光芒和魅力。

☆ 消极情绪与积极情绪如影随形，但心若阳光，消极情绪就会逃得无影无踪。

CHAPTER 2

第二章

拥抱好情绪，活出幸福感

好情绪意味着好心态，好心态代表着积极乐观、阳光自信的人生态度，如温暖和煦的阳光，穿透压在心头的阴霾，让消极情绪无所遁形。同时，在这种好心态的影响下，我们的心胸才会如大海般辽阔豁达，也才能以更加饱满的热情和激情来拥抱生活，创造更为美好的明天，在活出一个精彩自我的同时，获得满满的幸福感。

何谓幸福感

走进幸福，了解幸福感

生活中，常听到类似这样的话语："他们的生活真是幸福啊，每天无忧无虑，快乐得像放飞的小鸟一样，什么事情都难不倒他们。不像我，每天早上一睁眼，就是一大堆烦心事，发愁都来不及，哪里还有心情让自己笑容满面呢？不知道什么时候能够像他们那样幸福快乐。"

在很多人的话语之中，幸福是一个高频词。"你过得幸福吗？""你的幸福指数高不高呢？"在日常生活中，"幸福"二字总是被人们不断地提及。

人们关注幸福，重视幸福，其中的原因也不难理解。人生在世，谁不愿意每天都活得高兴快乐呢？拥有一份稳定的工作，有一个和谐幸福的家庭，有爱自己的恋人，对于所有人来说，都是所要追求的人生目标之一。可以说，在追逐幸福这件事情上，芸芸众生殊途同归。

虽然"幸福"这一词语被提及的频率如此之高，但如果要问：什么才是幸福感？恐怕真正能够回答出来的人并不是太多。那么究竟什么才是幸福感呢？

实际上，对于幸福感的定义，心理学家早就有了一个较为全面的结论。所谓的幸福感，是指人类基于自身的满足感与安全感以及价值感，并由主观感受产生的一系列欣喜与愉悦的情绪。

从心理学家对幸福感内涵的提炼和总结中不难看出，一个人的幸福感，只有以下几个层次得到满足，才算是真正的幸福。

首先是满足感。满足感容易理解，我们得到了一件渴望已久的礼物，内心会充满愉悦的情绪，幸福的滋味也会在心田蔓延开来；喜欢了很久的人，终于答应和自己在一起了，这种令人喜悦的满足感，也是幸福感的一种体现。总之，心心念念的事物，在渴望与期许之后，有了实质性的回报，在这种满足感的基础上产生的快乐感受，就是获得幸福感的因素之一。

其次是安全感。我们所置身的环境是否安全？我们的生活、工作是否稳定？我们能不能得到一个可靠的承诺和保证？诸如此类，能够让我们有一种踏踏实实的感受，也是幸福感的重要体现。

最后是价值感。价值感也是幸福感的重要组成部分。当我们通过自身的努力，实现了人生的目标与理想；当我们经历了无数的波折磨难之后，获得了人们的认可。在这其中，人生的价值得到了充分体现，个人的尊严得到了有效的维护，这种价值感的体现，也是一种莫大的幸福感。

当然，在心理学家眼里，幸福感不仅仅是满足感、安全感、价值感的统一，它还是一个持久连续的过程。举一个简单的例子，吃到自己喜爱的食物，心情自然会快乐愉悦，但这种快乐，只能持续很短的时间，所以不能称作幸福感，至多可以称作开心。真正的幸福感，是自我的快乐满足情绪有一个长时间的持续过程，这才是真正的幸福感。

物质上的富裕，是幸福感吗

谈及幸福感，从心理学家的定义上看，幸福感是人们安全感、满足感、价值感的统一。那么需要明确的是，物质上的富裕，是不是幸福感的体现呢？

对于支持这一观点的人们来说，他们肯定了物质对人自身幸福感体验的重要性。吃喝不愁，衣食无忧，生活在一个温馨舒适的环境中，衣食住行等一切的外在，都不用自己费心劳神，难道这不正是满满幸福感的体验吗？

不可否认，富裕充足的物质生活，是人们获得幸福感的重要前提。但是物质上的充裕，并非获得幸福感的必要条件。

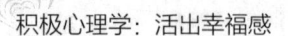

在实际生活中，我们常常会看到这样的一类人：他们生活富裕，衣食充足，不用为柴米油盐的琐事所烦扰。生活在这样一个令人羡慕的环境中，他们真的幸福吗？并不见得，很多过着高质量物质生活的人，他们的脸上，并没有发自内心的快乐笑容，很多时候，也总是一副忧心忡忡的模样，精神上的空虚，让他们陷入了更深的人生迷茫之中，不知道奋斗的意义是什么，也失去了人生清晰的发展目标，每日里过着浑浑噩噩的生活，幸福感对他们而言，好像是一个遥不可及的事物一般。

我们的邻国不丹，这个存在于喜马拉雅山脉崇山峻岭之中的小王国，国家整体经济的发展相对落后，国民也缺乏现代化的生活条件，过着相对落后的生活，然而他们的幸福感指数却在全球二百多个国家和地区中名列前茅。

和发达国家相比，不丹显然是贫穷落后的存在，但他们的国民不会遭受来自环境污染的伤害，没有就业的压力，不用担心贫富差距的加大等，只要岁月静好，就是一种幸福。至于其他人投来的不理解的目光，对他们而言，丝毫不受任何的影响，他们只想在这种安稳宁静的日子里幸福终老。

由此可见，幸福感和物质的丰富程度无关，它更关乎人自身的心理感受。精神充实，心态富足，生活充满了乐趣和积极的意义，这就是幸福。

幸福的奥秘是什么

幸福有秘诀吗

幸福，是每一个人毕生追求的生活状态。试想，谁不愿意拥有一个高质量、和谐温馨的幸福生活呢？但如果要问，幸福的秘诀是什么？恐怕很多人听到这样的问题，都会是一头雾水。有相爱的人，有可爱的子女，还有一份稳定的工作，这不就是简简单单的幸福吗？为什么非要追问幸福的秘诀是什么呢？

我们先来看这样的一个例子。有一位青年，刚参加工作的时候，月薪三千。公司里比他资格老的同事，一般月薪在五千到六千之间。这位青年就想：如果哪一天自己的薪水能够达到五六千，就可以大胆

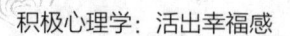

地消费了，那时的自己，该是多么幸福啊！

几年后，青年的薪水达到了六千以上。可是这个时候，他并没有感到自己有多么的幸福，手头还是紧巴巴的。望着月薪一万乃至数万的人，望洋兴叹的他又开始为自己的幸福设定"新的目标"：一个月能够轻松收入几万元，我一定是比较幸福的人了。

实际上，我们不用去猜测结果，答案很明显地摆在了我们的面前。相信按照青年的这种心态，即使他的月薪达到了数万元，他依旧不会感受到幸福的滋味，因为前面还有更多高收入的人群等着他去羡慕，去追逐。他曾所渴求的目标实现后，一旦和更为优秀的人相比，他依然存在着较大的心理落差，所以完成目标并没有带给他期望中的幸福。

为什么在达到了曾经设定的目标之后，故事中的这位青年依然感到不幸福、不快乐呢？想必这位青年自己也难以清晰地给出明确的答案，因为他还未明白幸福的秘诀是什么，因此一路走来，尽管生活、职位等各方面都得到了较大的提升，却依然品尝不到幸福快乐的味道。

再来看生活中的一些常见的例子。有些人收入不高，生活条件一般，衣食住行都非常简单。但是在他们的脸上，看不到有任何忧愁烦恼的模样，每天醒来，总能笑对生活。在寻常的日子里，他们活出了幸福的样子。

由此可见，幸福是有秘诀的，掌握了幸福的秘诀，我们才能品尝到幸福的滋味。

幸福的两大奥秘

怎样才能获得幸福呢？我们不妨来看一看获得幸福感的两大奥秘吧！

首先，想要幸福，不能得陇望蜀，要学会适当给自己做"减法"。

18世纪法国哲学家丹尼斯·狄德罗曾提出一个著名的理论，叫作"狄德罗效应"。这一理论的核心点，讲的是一些人在没有得到某些东西时迫不及待想要得到，但是一旦得到之后，又不知足，"得陇望蜀"是他们身上最为鲜明的特点。

古时候，村子里有两个地主，一个大地主，一个小地主。大地主家财万贯，良田千顷，骡马成群，生活富足。小地主相对寒酸很多，辛辛苦苦置办了几十亩地，谈不上富裕，但也足够温饱，比那些穷苦的村民不知要强上多少倍。

然而，小地主对于自己的现状并不满足，无比羡慕大地主家锦衣玉食的生活。有一次，大地主因为有事需要小地主帮忙，在事成之后，大地主一高兴送给了小地主一辆豪华的马车作为酬谢。

能够乘坐马车出行，是小地主渴望已久的美梦，在此之前，这是他想也不敢想的事情。然而高兴没几天，小地主又开始愁眉不展了。他想，有了豪华的马车，就应该配备马车夫，这样才显得自己有身份。就这样，他重金招募了一名马车夫为自己服务。

过了几天，小地主的心思又开始活动了，有马车和马车夫了，是不是得盖一间气派的马厩，这样才匹配呀！就这样，小地主添盖了漂亮的马厩,但华丽的马厩将他家的其他房子衬托得寒酸无比,于是小地主就又要咬着牙将居住的房屋重新翻盖了一遍。

最后,小地主发现自己辛辛苦苦几十年的积蓄都被掏空了,不要说养马和雇佣马车夫了,一家子的吃喝都得不到保证了,幸福感也就荡然无存了。一怒之下,小地主将豪华马车砸烂,再也不羡慕大地主家奢华的生活了。

故事中的小地主,明明在追求幸福的路上,为何到了最后却反而丢失了幸福呢?其实这就是"狄德罗效应"的体现。得不到时,迫不及待;得到后又各种不满足,被欲望蒙蔽了双眼,他又如何能够获得满满的幸福感呢?

古希腊大哲学家苏格拉底有这样一句名言:"最舒服的房间,必需的物品一个也不能少,然而没有用的物品,一个也不能多。"

幸福,就是简简单单,学会给自己做"减法",否则幸福的生活将会逐步远离我们。

其次,得到的越多,幸福的敏感度会越低,要懂得珍惜和知足。

在心理学上,有一个著名的"贝勃定律"。这一定律讲的是,人们物质生活越丰富,幸福感反而会越低。

明朝开国皇帝朱元璋,在建立天下之前,曾受尽了各种苦难。最悲惨的一次,在他十几岁的时候,当地遭遇了严重的旱灾,庄稼颗粒无收,家里的亲人也大多饥饿而死,为了活命,朱元璋不得不以乞讨为生。

有一次,他连续乞讨几天,都没能讨来食物,最后饿昏在地。幸好一位老大娘看到他,找人将他抬到家里面,并用豆腐、青菜等有限的食材为他做了一顿饭。

朱元璋醒来后，饥肠辘辘的他端起碗就大口大口地吃了起来。这顿饭别提多香了，朱元璋将饭全部吃光后，还意犹未尽。

多年以后，朱元璋夺得了天下，贵为天子的他最念念不忘的就是当年的那顿饭。他曾让宫内的御厨原样照做了几次，不仅再也吃不出当年满嘴留香的味道，甚至还有点难以下咽。

饭还是那样的饭，朱元璋的前后感受却大相径庭，原因是什么呢？不难理解，吃惯了山珍海味的朱元璋再也不比昔日的朱元璋，简陋的饭菜也再难合他的胃口了。

就像生活中的我们，拥有了很多，然而还时不时地抱怨自己过得不幸福。难道是真的不幸福吗？其实在很多时候，是因为我们早已丧失了对幸福的感知能力，不论我们得到的再多，也总是不满足。所以，在我们追求幸福的过程中，请时刻牢记，要懂得珍惜和知足，这样才能感知到幸福真实的滋味。

幸福在哪里

别身在福中不知福

幸福是每一个人都倾心追求的事物，但幸福究竟在哪里呢？也许，一千人回答，就会有一千种答案，这是因为每一个人对幸福的感受不同，理解不同。

举一个简单的例子，许多人都希望能够获得至高无上的地位和身份，取得寻常人难以企及的人生高度，实现了这些，是不是一种幸福呢？

或许在外人眼里，这是一种莫大的荣耀与幸福，羡慕都来不及，怎么能不算作是一种难得的幸福呢？然而，在当事人眼里，偏偏又是

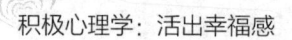

另外一种感受。那种高处不胜寒的孤独和寂寞，或许只有他一个人才能真正品尝到其中的滋味，在他眼中，寻常人轻易而得的幸福，对他而言却是遥不可及。

由此可知，很多时候，我们眼中的幸福，或许在他人眼中不值一提；反过来，他人倍感乏味的生活，在我们看来，却又是那样的惹人艳羡。正如古语所说的那样："彼之砒霜，我之蜜糖。"

事实也正是如此，生活中的很多人，明明吃喝不愁，衣食无忧，却总是感觉不到一丝幸福的滋味，也总是抱怨不休。在他们看来，所谓的幸福，是拥有花不完的金钱，能够有机会看尽天下的美景，有条件吃遍天下的美食。总之，要让自己尽可能多地去拥有、去得到，这才是他们想要的幸福。

显然，这些人眼中的"幸福"，并不是真正的幸福，因为一个不知道节制欲望的人，又怎能得到真正的幸福呢？

所以，请别身在福中不知福。当我们抱怨着没完没了的加班时，有些人却在为了温饱而拼尽全力；当我们感觉生活闲极无聊的时候，有很多人却在为了能够多活一天，咬牙和死神抗争；当我们对繁重的学习任务严重不满时，这个世界上却还有很多孩子没有书读。

别身在福中不知福。只有等到我们知福、惜福时，才会猛然发现，我们所苦苦追求的幸福，其实早已悄然出现了，也早已被我们所拥有了。

幸福原来在这里

有位哲人曾这样说过:"人类一切努力的最终目的,是获得想要的幸福。"问题是,每个人都想要得到幸福,都在苦苦地寻找幸福,都希望能够品尝到幸福的滋味,那么幸福它究竟藏身何处呢?

1. 幸福就在我们的身边

我们常常为了得到想要的幸福,不停地努力追逐着幸福的脚步。殊不知,很多时候,幸福就在我们的身边,隐藏在一个个不起眼的生活场景中。

下班回家,乖巧的儿子跑过来,脆生生地喊一声"爸爸妈妈",看着他活泼可爱的笑脸,一身的疲劳或工作中的种种不快,顿时烟消云散。被浓浓的亲情包围着,不正是一种温馨的幸福吗?

假日里,和父母子女忙碌一上午,做好了一桌丰盛的饭菜,一大家子其乐融融,坐在一起吃饭聊天,各自叙述着各自遇到的快乐的事情,一起分享,一起欢笑,这种和睦的场景,难道不是一种幸福吗?

周末了,约上三五好友,或驾车出发,在附近赏一赏山川风景;或拿上鱼竿,惬意地垂钓江河,共同分享彼此的劳动成果,这种充满欢乐的日常,也是一种难得的幸福。

我们渴望幸福,追逐幸福,或者是去羡慕别人的幸福,却不知,甜蜜的幸福就在我们的身边,一伸手就可以触摸到。

2. 幸福在奋斗与追求的过程中

有句俗语说："好日子是奋斗出来的。"换言之，幸福是靠我们勤劳的双手和辛勤的汗水得来的。无论是充满艰辛的拼搏过程，还是最终得到的那一瞬间的喜悦与满足，其实都是一种幸福。

有一位青年，去寺庙里拜见高僧。高僧问他有何求，青年说："为了梦想，我每天努力奋斗，然而随着一个个梦想的实现，我不仅没有得到想象中的幸福，还倍感失落和迷茫，我所苦苦追求的幸福究竟在哪里呢？真是苦恼死了。"

高僧问他："先不说幸福，你感觉什么时候自己最快乐？"

青年听了，眼睛不由闪亮起来，不假思索地回答说："当然是在追求梦想的过程中最快乐了，为了梦想的实现，我可以废寝忘食，可以扛住所有苦难。"

高僧笑了，说道："你都得到了那么多快乐，还奢求什么？又怎么说自己不幸福呢？"

高僧一句话点醒了"梦中人"，青年不由恍然大悟。其实在追逐梦想的过程中，乐在其中的自己，已经得到了幸福的"奖赏"，只是不自知罢了。

3. 幸福在我们的内心里

幸福是一种知足的心态，幸福也是心灵上的坦然以对。精神富足，粗茶淡饭也是美味；心灵空虚，山珍海味也索然无味。

第二章 拥抱好情绪，活出幸福感 CHAPTER 2

有一位七十多岁的老者，每天挑着担子，在城市的大街小巷穿梭，从事着为人"磨刀"的古老行业。

有人问他："你辛辛苦苦一天，能赚多少钱呢？"

老人回答说："赚不了多少，最多也就三四十元吧！"

那人同情地说："实在是太少了，几十元钱，在现代社会里，能够干些什么呢？看你一把年纪，为了这点钱，也真的辛苦了。"

谁知老人却笑着说："我不觉得自己有多辛苦，还觉得过得很幸福呢！我家在乡下，养鸡种菜，日常不需要多大的花费；老伴身体健康，子女也都成家立业了，不用我多操心；再说了，我出来磨刀并不是为了赚钱，一是图个消遣，二是也可以方便大家，两全其美，我觉得这样挺好的。"

从老人的事例中可以看出，真正的幸福和物质回报并没有多大的关系，恬淡宁静的幸福存在于我们每个人的内心里，一颗懂得珍惜、懂得感恩、知足常乐的心，就是幸福持续不断产生的源头，只要守护好我们的幸福之源，对我们而言，每一天都是幸福的日子。

谁在影响你的幸福感

认识幸福感的构成要素

通过对幸福感构成的"解剖",我们从中明白,幸福感是人类自身满足感、安全感以及价值感三者的有机统一。

在当今这样一个快节奏的社会里,因为工作、生活等因素的叠加,人们变得越来越焦虑,承受着较大的精神压力,由此激发人们对幸福感更大的需求。如何过上幸福的生活,拥有充足的幸福感,成了人们重要的心理需求。

然而问题是,我们在追求幸福生活的时候,先要明白幸福感的构成要素,并从中进一步认识到究竟是什么原因降低了我们的幸福感。

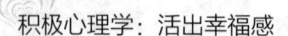

正像生活中很多人所抱怨的那样："为什么我都这么努力了，可是依旧感觉不到幸福呢？"

这些人的困惑，极具代表性。很多时候，我们会发现薪水提升了，职位升高了，车子、房子也都一样不缺，谁知幸福感却偏偏降低了很多。曾经的自己，虽然拥有的物质远远少于现在，不过始终不缺少快乐幸福的味道，以至于回首往昔，我们总是怀念那时无忧无虑的时光。

问题究竟出现在哪里呢？想要全面深入地认识这一问题，我们不妨先从幸福感的构成要素说起。

要素一：建立在经济基础之上的物质状况。

幸福生活，离不开一定的经济基础，吃饱穿暖是我们最为基本的生活需求，如果连饭都吃不饱，谈论一个人过得幸福不幸福，无疑就显得有些虚幻了。

具体来说，一定的经济基础，离不开一个人的就业情况、收入水平等。有稳定且具有光明发展前途的职业，有稳定的收入来源，才能确保我们能够衣食无忧，拥有较高质量的物质生活。

要素二：自身素养和社会关系。

自身素养和社会关系，也是幸福感的重要构成要素。在这里，自身素养主要是指一个人的文化水平和受教育程度，这一点相当重要。受教育程度高，在激烈的社会竞争中就有相对更为宽广的出路，也较容易找到更有前景的工作。

社会关系中，包含家庭关系和人际关系。家庭关系主要是指一个人的婚姻质量和亲子关系。婚姻质量高，亲子关系亲密，自然会有较强的幸福感。

人际关系里面，朋友关系、同事关系以及同事关系中较为特殊的上下级关系等，也都是幸福感构成的主要因子。拥有一些志同道合的朋友，能够构建出和谐的同事关系，都将极大提升自我的幸福感。

要素三：身体的健康状况。

也许有人会问：身体健康和幸福感存在着一定的内在联系吗？答案是肯定的。我们不妨试想，如果一个人拥有较为充裕的物质生活，然而各种疾病缠身，每日里饱受病魔的困扰，试问他还有什么幸福感可言呢？

谁"偷走"了我们的幸福感

虽然一个人的经济状况、自身素养、人际关系以及身体健康等因素，是构成我们幸福感的重要要素。但很多时候，我们还会有这样的困惑：明明物质条件不差，身体各项技能也都正常，为什么和同等条件的人相比，甚至与各方面远远不如自己的人相比，都没有对方那样幸福快乐呢？

想要弄清楚其中的原因，我们应当清醒认识到的是，经济状况、身体健康程度等要素，虽然是构成幸福感的必要条件，但并非充分条件。在实际生活中，还有以下几种原因在不知不觉中悄然"偷走"了我们的幸福感，严重降低了我们对高质量生活的期望值。

1. 爱比较，爱攀比

现代社会，充满了各种激烈的竞争，不努力，很难有出头之日。在激烈的竞争下，有的人无形中就产生了攀比心理，在人生前进的道路上，总是在不停地和身边人攀比，暗暗地作比较。

攀比财富多寡，攀比房子大小，攀比身份地位高低……因为攀比，我们的内心只剩下欲望的黑洞，逐渐将我们的幸福感给吞噬掉了。这是因为当我们一味地在和别人攀比幸福时，真正发自内心的幸福自然就离我们而去了。

2. 缺乏奉献精神，没有远大的理想和坚定的信念

谈到奉献，谈到理想和信念，一些人就会觉得虚假、空洞。实际上，静下心来仔细想一想，人活着的意义是什么呢？难道仅仅只有吃喝玩乐的低级乐趣吗？显然，真正能够充实、振奋我们精神，让我们奋勇前进的恰恰是奉献精神、远大的理想以及坚定的信念。

古往今来，无数先哲为了追寻心中的理想，为了人类的发展，不惜牺牲自我。对此，他们却无怨无悔，因为为远大的理想和抱负而奋斗常常令他们感到充实、满足和幸福。试想，如果我们将自己的精力都放在了和他人攀比财富和追逐金钱上面，没有了精神信念的支撑，人生又有什么乐趣呢？

3. 心理阴暗

生活中不乏心理阴暗的人，在这些人的眼中，这个世界是灰色的，处处都是陷阱，人与人之间都是利益关系和利用关系，什么道德伦理、礼义廉耻、美好的爱情亲情等，统统都是虚假的。

有这种心理的人，他们即使拥有了巨额的财富，过着锦衣玉食的生活，也不会有长久、稳定的幸福感，因为他们内心的阴暗面会逐渐消解掉幸福感。

4. 不知足，不满足

人们常说："知足者常乐。"简简单单一句话，却蕴含了丰富的哲理。知足，让我们的心态从容平和，心境淡定素雅，并因此珍惜一切，感恩一切，幸福感自然无比饱满充足。

反观那些不知足的人，欲望太大，欲念太盛，在得陇望蜀心态的驱使下，每日里蝇营狗苟，各种算计，处于这种生活状态下的人，他们怎么会有满满的幸福感呢？

5. 焦虑紧张，忐忑不安

幸福感和一个人的精神状态有着内在的紧密联系。在现代社会中，有的人很少去关注自我内在的精神状态，他们因为子女的教育问

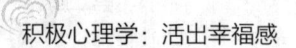

题、父母的养老问题、职业的发展问题等，常处于焦虑紧张和高度精神重压之中，甚至为此忐忑难眠。凡此种种，整日愁眉不展、心事重重的他们，又从何谈起幸福感呢？

　　对此，我们应重视并避免上述问题，做一个不攀比、有奉献精神、心理阳光、知足的人，不让幸福从身边溜走。

拥抱积极情绪，活出幸福感

积极情绪的功用

人的一生，都在不停地追逐着幸福，渴望拥有充足与饱满的幸福感。但实际上，我们所期盼得到的幸福感和积极情绪有着密切的关系。

想要了解积极情绪和幸福感之间的内在联系，我们应当先去认识积极情绪所具有的功用。其实谈到积极情绪，免不了会谈及它的对立面，也即消极情绪。作为和积极情绪相对的一种情绪体验，消极情绪的存在，是人类自我保护本能的一种体现。

如何理解"消极情绪是人类自我保护本能的体现"这一句话呢？

网络上流传着这样一句有趣的话："心态乐观的人，发明了飞机；心态悲观的人，发明了降落伞。"

这里的乐观，自然指的是那些具有积极情绪体验的人，悲观者，无疑是具有消极情绪的那一部分人。因为有积极情绪的推动，我们人类才得以一步步发展前进，让世间所有的美好，一一呈现在了我们的面前，并从中获得满满的幸福感。

进一步分析，积极情绪都有哪些较为具体的功用呢？

首先，积极情绪使得我们更具有想象力和创造力。

在诸多的积极情绪中，热情和兴趣是其中重要的组成因子。无论对于任何事物，人类正是因为有了热情和兴趣，才具有了探索欲和求知欲，并由此让我们插上想象的翅膀，用积极的心态去开拓、去创造人类更为美好的未来。

其次，积极情绪有益于我们的身心健康。

这一点不难理解，快乐、喜悦、放松、平和等积极情绪的存在，让我们的身心变得愉悦起来，身心愉悦了，身体的健康就有了切实的保证。反之，如果内心一直被消极情绪所充塞，想要有一个健康的身体，自然就无从谈起。

俗话说得好："笑一笑，十年少；愁一愁，白了头。"由此可见，积极情绪对促进人的身心健康方面，有着莫大的益处。

最后，积极情绪是我们奋勇前行的强大动力支撑。

在积极情绪中，坚强的意志力、不屈的毅力、饱满的激情等，都能给人的内心深处注入一股强大的动力支撑，推动着我们去解决人生所遇到的一切难题，也让我们敢于直面生命中所有的风风雨雨，坚定信心，无畏前行。

所以，当我们的人生缺少了必要的积极情绪时，将是多么的乏味和无趣，又是多么的胆怯与懦弱啊！

培养积极情绪，活出幸福感

现代脑科学研究发现，在给人以积极的暗示之后，大脑里的生物化学变化也会朝着好的方向发展，并由此影响到我们精神的愉悦程度。因此，想要让自我活出幸福感，首要的一点就是要懂得如何培养我们的积极情绪，然后拥抱这种积极情绪。

1. 关注自我内心的感受

现代社会，工作、生活节奏快，我们每天都在脚步匆匆地忙碌着，这也让很多人背负了严重的精神压力。在这种状况下，试问有多少人曾停下脚步，认真倾听过自我内心的声音呢？

缺乏对心灵声音的关注和倾听，自然会减少我们自身的积极情绪。因此，在条件允许的情况下，不妨放慢一下脚步，认真地品味生活，享受自然的美好，让疲惫的心灵放松憩息片刻，心静了，从容平和的积极心态便油然而生了。

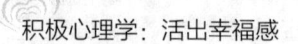

2. 寻找生存的积极意义

积极情绪的培养，不是喊几句口号就能够拥有的，实际上，它的产生和我们的思维导向之间有着紧密的联系。

比如在面对苦难时，思维积极的人会将苦难当作磨炼自我的宝贵财富，也因此会迎难而上、愈挫愈勇；反过来，思维消极的人会怨天尤人、自艾自怜，抱怨命运的不公。两相对比，显然具有积极的思维导向，我们才能培养出积极的情绪。

3. 懂得感恩

当自我处于人生低谷之时，对他人善意的帮助，我们应当报以感恩之心，在适当的时候，也可以反向馈赠，回报对方昔日的涓滴相助。

一个懂得感恩的人，心态是阳光健康的，这种好心态，无疑有助于积极情绪的培养，还由此会形成一个"人人为我，我为人人"的良性循环，让积极的情绪始终萦绕在我们的左右。

4. 对未来始终充满乐观和希望

观察生活不难发现，被消极情绪所包围的人，对待自我人生的发展多是颓废、悲观的，他们否定努力奋斗的积极人生意义，甘愿沉沦。而那些心态积极乐观的人，无论身处任何境地，都对未来充满了热烈的期望，相信一定能够实现美好的梦想。

　　心怀梦想，我们才有对诗和远方的期盼；心存希望，我们才有源源不竭的拼搏动力。所有的这些，也是培养积极情绪的重要因素，在积极情绪的推动下，满满的幸福感将始终牢牢占据着我们的心田。

幸福宣言 Happiness Declaration

☆ 人生态度影响着我们的心态，好的心态，是积极情绪产生的源泉。

☆ 幸福感的多与少，不在于物质财富的多和寡，而在于精神上的充实和富足。

☆ 知足常乐，懂得珍惜，是保持幸福感的"秘诀"。

☆ 努力拼搏，奋勇前行，才能持续不断地提升自我的幸福感。

☆ 培养积极情绪，拥抱积极情绪，每天都让自己幸福快乐。

CHAPTER 3

第三章

向阳而生,造就积极的自我

真实的生活，总是充满无数坎坷波折，一路风雨相随。有些人在困难面前选择抱怨，殊不知，抱怨无助于问题的解决，还动摇了我们勇往直前的坚定信心。所以，无论是身处低谷，还是被烦事所扰时，请记住这样一句话：心有阳光，才能驱散遮蔽心灵的阴霾；向阳而生，才能激发生命无限的潜力，用积极的自我，去拥抱灿烂的人生。

甩掉消极情绪，拒绝消极情绪的纠缠

消极情绪，是造就灰色人生的"元凶"

生活中，每一个人都会被各种情绪所包围。每天一睁眼，随着我们的思维意识从睡梦中醒来，情绪这一"小精灵"也悄然启动，时时刻刻伴随在我们的左右。

积极的情绪，会让我们心态阳光，内心从容平和，在为人处世中帮助我们获得良好的人际关系。观察生活中那些拥有积极情绪的人，会发现他们身上总是散发着迷人的亲和力，人生的发展前进，也更通达顺畅一些。

那么，整日被消极情绪包围的人，又是怎样的一个状况呢？这一部分人，在消极情绪的暗示催眠下，常无意识地表现出紧张焦虑、逃避现实、患得患失、易怒暴躁等负面行为，也许在外人看来一件微不足道的小事，却能让饱受消极情绪困扰的人暴跳如雷。浑身负能量的他，自然让人敬而远之，人际关系糟糕到了极点。长此以往，无形中就造就了这一部分人的"灰色人生"。

晓磊家境一般，相貌平平，大学毕业后，找了一份普通的销售工作。进入公司之后，晓磊看到身边的同事大多谈吐优雅，衣着光鲜，内心不由产生了强烈的落差。

他不去想如何通过努力改变现状，反而在心理极度不平衡下，被嫉妒愤恨、自暴自弃等消极情绪所包围。任务分配到他的头上，能推则推；项目遇到了困难，也是能躲则躲，从不去积极主动地推进问题的解决。

一开始，同事们对他的这种消极表现还好言相劝，谁知换来的是晓磊喋喋不休的抱怨。有时工作中出现了错误，同事善意提醒，在晓磊看来，这却是对方故意挑刺，他不仅不感谢，反而各种讥讽。慢慢地，同事们都刻意和晓磊保持社交距离，晓磊看在眼里，更是一肚子不爽，索性"破罐子破摔"，越发懒散怠工起来。

三年后，和他同一批进入公司的员工，大多成了单位的骨干，唯独晓磊依旧原地踏步。不久后，公司裁员，在民意测验中，人缘极差的晓磊，自然毫无悬念地被公司裁掉了。

案例中，造就晓磊灰色人生的原因是什么呢？显而易见的是，被消极情绪所困的晓磊，无法挣脱诸多负面情绪的束缚，他的人生悲剧也就此埋下了伏笔。

如何摆脱消极情绪的纠缠

消极情绪的存在，对一个人所带来的危害是不言而喻的。问题是，如何才能从消极情绪的"泥沼"中挣脱出来呢？关键就在于我们要有掌控自我情绪的能力和淡定、坦然的心态，以积极的人生态度处理生活或工作中的各种难题，提升我们的幸福感。

1. 开启理性思维，提高行为控制力

理性思维，可以理解为一种理性的思考，遇事不急不躁，从容淡定，这是一种最佳的思维模式。

当我们遭遇消极情绪的"围剿"时，此时正是我们最不理智、最易感情用事的时候，在愤怒、冲动之下，消极情绪将"切断"我们的理性思考能力，驱使我们做出偏激、极端的行为。

因此，一旦发觉自我被消极情绪纠缠，就应及时主动地去开启理性思维，多去想一想这样做是否值得？

比如失恋了，悲观失望、生无可恋的消极情绪汹涌而来，这时的你为了宣泄痛苦，可能会做出伤害自己的不理智行为。但请记住，在行动之前，要立即开启自我的理性思维，抚心自问，伤害自己，难道真的可以改变事情的结果吗？如果不能，我为何非要和自己过不去呢？

冷静再冷静，多去理性地思考之后，感性的消极情绪就会被逐渐驱散，非理性的行为也将得到极大的控制，从而让自我在理智的情绪

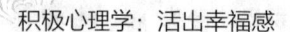

状态下得到改善。

2. 学会转移情绪注意力

实际生活中，如果一味地沉浸在烦躁、悲伤、愤怒等消极情绪中，我们就会深陷负面情绪的"漩涡"之中无法自拔，直至被它们吞没。

正确的做法，除了让自我冷静下来，提升行为控制力之外，还应学会转移情绪注意力。心情不好时，约闺蜜去看一场电影；内心烦闷时，和好朋友打打球、爬爬山，当消极情绪得到转移和合理的宣泄后，我们的痛苦和烦恼自然也就会极大地减轻了。

3. 学会接受已经发生的事实，给消极情绪一个释放期

很多时候，消极情绪的产生，来自我们无法改变现实的痛苦心境。诸如我们的出身、相貌、身高、天资等，很多是先天性的存在，既然我们无法改变，又为何非要受其干扰呢？

恰当的应对方法，就是要让自我学会接受，坦然以对，培养快乐的心态，扬长避短，通过努力奋斗来弥补自身先天上的不足，尽快从消极情绪的"泥沼"中走出来。

在另一方面，遭遇消极情绪的"围攻"时，如果实在是太痛苦，必须有一个宣泄调整时间时，不妨给自己定下一个情绪释放期。休息几天，好好调节心情，假期结束，立即积极投身工作，将一切烦恼抛之脑后，重新迎接生活的挑战，也不失为一个摆脱消极情绪纠缠的好办法。

保持一颗乐观的心，
拥抱蜂拥而至的快乐

乐观，生活才能更精彩

有人常说，生活就像是一面镜子，站在生活这面"镜子"前，对着镜子笑，镜子里面的你，自然也会微笑以对；对着镜子愁眉苦脸，镜子里的你，也是一副消极低沉的模样。简言之，你以什么样的态度面对生活，生活便给你什么样的回报。

不言而喻，"生活就像一面镜子"这句话，给人以很大的启发。一个人快乐与否，不在于自身的处境，关键在于自我的心境。如果能

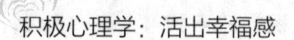

够时刻保持乐观的心态，自然能发现生活中无处不在的美好。

如明月在天，心态乐观的人，会感受到皎皎明月的柔和光辉，在天性浪漫、乐观自信的大诗人李白眼里，便是"唯愿当歌对酒时，月光长照金樽里"的豪迈潇洒；反之，心态消沉的人，就如悲悲切切的柳永一般："杨柳岸，晓风残月。此去经年，应是良辰好景虚设。"一副难舍难离、自怨自艾的样子。

显然，面对同一轮明月，心态不同的人，明月在他们心目中的映像和意境也各不相同。

明月如此，人生亦是如此。如果将每一个人比作大海里的一艘帆船，那么我们的心态便是掌控这艘帆船航行方向的舵手。心态乐观积极的人，可在风浪中笑谈人生，越是逆境越是奋勇前行，始终乘风破浪，高歌猛进；心态消极的人，一点点颠簸都让他们心惊胆跳，畏手畏脚，担心被风波吞噬，恨不得早早弃船而去。

有一名商人本来事业顺风顺水，到四十岁时却遭逢巨变——一场突如其来的大火烧毁了他的工厂，令他损失惨重。但是，商人并没有向命运屈服，更没有选择沉溺在怨叹与苦痛中，而是很快振作了起来。

他从零开始，摆摊售卖家乡的特色小吃。由于他服务周到，售卖的食物味美价廉，广受人们的欢迎。加上他终日乐呵呵的，面带笑容，越来越多的人愿意光顾他的小摊。

谈起过往的经历，商人不怨不恼，始终心态平稳，语气坦然，脸上亦挂着温和的笑意，他对于生活的那种乐观心态、对于无常命运的豁达与坚韧令很多人感动。

几年后他不仅开了一家特色小吃店，还创办了自己的食品品牌，生意越来越红火，日子也越过越好。

商人的经历令人感慨，人生海海，变幻无常，无人能预料到前面的路究竟是广阔平坦还是泥泞坎坷。但无论身处何种境遇，我们都要保持乐观的心态，积极地面对人生，这样就算是身处低谷，也能有重新出发的勇气。

寓言故事中，一只蝉在树上嘹亮地歌唱着。大树对它说道："孩子，天气这么热，你的生命也只有短短的两个星期的时间，舒舒服服地休息不好吗？为什么非要这么卖力地歌唱呢？"

这只蝉笑着回答说："为了这两个星期的光明，我在地下的黑暗空间里，足足等待了四年之久。你能知道我拥抱光明的快乐吗？我活着的每一天，都要努力地唱歌，我的人生才因此更圆满，也更有意义。"

显而易见的是，我们拥有什么样的心态，就会收获什么样的人生。心态乐观的人，敢于勇敢地直面人生，披荆斩棘，无往不前，成为生活的王者；心态消极的人，在困难面前止步不前，愁容满面，活成了生活里的懦夫。

保持乐观心态并不难

不要去抱怨生活，有乐观的心就有一切。明白了乐观心态的重要性，我们就应让自我时时保持这份好心境。

1. 走出挫折的阴影，笑对人生

对于大多数人来说，生活不会一直一帆风顺。在前行的道路上，我们会遭遇种种挫折和失败。没关系，从哪里跌倒，就从哪里爬起来，拍拍身上的灰尘，继续勇往直前。

但有这样的一些人，他们经不起挫折困苦的打击，稍微有一点波折坎坷，便怨天尤人，自甘沉沦。要知道，一个走不出昨天的人，也永远无法把握好现在和未来，请坚定信心，乐观自信，收拾心情重新出发，相信美好就在不远的前方。

2. 时时给自我以积极的心理暗示

一个人对待生活的态度，和他的内心潜意识之间有着莫大的关系。在苦难面前，在置身于人生低谷期时，如果时不时地暗示自我："我一定能行！""一定可以获得成功！"在这种积极的潜意识的暗示下，我们的心态便能积极乐观起来，此时的困难不再是困难，反而是对自我的一种磨练。反过来，凡事都往坏处想，一点磨难，都会让我们的心态趋于崩溃。

3. 心怀信念与远大理想

孔子曾说过这样的一句话："君子上达，小人下达。"意思是说，君子向上，内心通达仁义，小人向下，眼中只有财利。

人生在世，不要太注重物质功利，更为重要的是，我们要拥有崇高的信念和远大的理想，为自己的同时也应做到为人人，唯有如此，我们的心胸才会更加宽广，心态也会因此更加积极乐观、从容自信。

满怀希望之心，静等幸福来敲门

再苦再累，请不要放弃希望

生活中，经常听到人们这样抱怨："成年人的生活实在是太苦太累了，上有父母要赡养，下有子女要抚养，每天忙得像陀螺一般，但在亲朋好友面前，还要装作若无其事、云淡风轻的样子。有时候真的感觉自己快要坚持不下去了，好想放弃看不到希望的努力。"

人们的这种抱怨，无疑代表了大多数成年人的心声。为家庭生计忙碌，为事业发展奔波，因投资失败而焦头烂额，前途渺茫，不知不觉中岁月蹉跎，在尘世中兜兜转转，其中的辛酸和艰难，也只有成年人自己能懂。

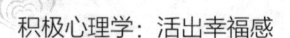

在生活的重压之下，是选择放弃，还是满怀希望继续努力拼搏？吴博的人生故事，或许能带给我们一些启示。

吴博大学毕业后，看中了一个新兴的项目，他感觉这一项目一定大有可为，于是义无反顾地投入了进去。

很多时候，想和做是完全不同的两码事，对于吴博来说，也是如此。等到他真的踏上了创业的道路后，才发现事情根本没有他想象的那样简单。

首要的问题，他要解决项目的启动资金。家境一般的他，只能向昔日的同学好友四处求借，在打了无数个电话之后，终于有了初步的资金，项目开始慢慢运转起来。

谁知刚过了半年，他的父亲在外面打工时，不小心摔伤了腰部，卧床不起，急需大量的医疗费用。

虽然手头资金吃紧，吴博依旧义不容辞地承担起了父亲的治疗费用。谁知祸不单行，三个月后，过度操劳的母亲，又被查出长了肿瘤，必须住院化疗。

为给父亲治病，几乎被掏空的吴博，在听到母亲也患了重病的消息之后，欲哭无泪。一边项目投入了大量资金，停下来损失太大；另一边，家庭的重大变故，也需要大笔的花费。此时的吴博，发现自己已经深陷生命的泥沼，如山一般的难题横亘在他的面前，他只能在人生的漩涡中苦苦挣扎。

但越是难熬，就越要坚持，吴博相信眼前生活的磨难终将会过去，他不能熄灭心中那盏理想之灯。

在最困苦的日子里，吴博尽可能地节衣缩食，将家和公司两头都兼顾住。有时他连一顿快餐式的午饭都舍不得吃，饿了忍忍就过去了；出门拜访客户时，他更舍不得打车，公交或地铁是他最经常的选择。

作家马丁曾说："每一个强大的人，都曾咬着牙度过一段没有希望、没人嘘寒问暖的黑暗日子。"

这句话用在吴博身上再恰当不过。好多次，他都快要坚持不下去了，可是第二天太阳升起的时候，他又精神抖擞、满怀希望地出发，奔走在联系客户的路上。

终于，凭借着项目本身的优势，加上吴博本人的执着和诚恳，一年后，一家大客户和他成功签约，吴博曾坚持的理想和希望，最终结出了累累硕果。

从吴博的人生故事中不难看出，在成年人的世界里，没有"容易"两个字，然而越是在困苦的时候，我们越要满怀希望地坚持下去，不服输，不投降，相信风雨过后，一定能等到幸福来敲门。

期待幸福来敲门，请做好两手准备

对于我们每个人来说，在内心深处，都有一个或大或小的梦想，都希望能够在人生前进的道路中，实现自我的人生理想，迎来幸福来敲门的高光时刻。

但仔细观察生活，我们会发现在追逐梦想的过程中，有些人始终

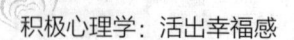

能满怀热情，一腔热血逐梦到底；而另外一部分人，行至中途却半途而废，放弃抗争，甘愿"束手被擒"。为什么会有这样截然相反的差别呢？其实其中的关键，还在于我们是否有这样两手准备。

1. 积极的心态准备

对未来，我们都充满希望，期望理想得以顺利实现。然而，在逐梦前行时，我们难以准确地预料期间种种的风险和波折，一旦有较大的困难出现，会严重打击自我的信心，这个时候，一个良好的心态就显得非常必要了。

心态好，乐观自信，相信"山重水复疑无路，柳暗花明又一村"，黑暗的尽头是光明，坚持下去就是胜利，如此自然就无所畏惧，迎难而上；反之，心态不好，经不起挫折困苦的摔打，就只能是知难而退了。

2. 做好情绪调节

除了良好的心态准备，我们还应有强大的情绪调节能力，能够及时化解消极情绪对我们带来的负面影响。

在重重压力面前，有时我们的心态也会趋于崩溃，这时必要的情绪调节能力就显得尤为重要了。面对消极情绪对自我的"围剿"，我们应及时地加以调整，哭过、痛过，然后给自己一个微笑，擦干泪水继续出发，去静候幸福来敲门。

宽容他人，也包容自己

唯宽可以容人，唯厚方可载物

在现实生活中，人与人相处时，难免会有大大小小的磕磕碰碰，当我们受到他人有意无意的伤害时，该如何应对呢？

有人会毫不犹豫地回答说："这还需要考虑吗？按照我的暴脾气，直接回击，以牙还牙，别人让我不舒服，我也不会让他们好过。"

针锋相对，寸步不让，看起来好像很解气的样子，但回击了对方之后，心里面真的舒服了吗？

想来未必。一方面，因为对方给我们带来一点点的小小伤害，就得理不饶人，是不是有点太小肚鸡肠了呢？另一方面，对等回击，并非最佳的为人处世之道，很多原本可以一笑置之、风轻云淡的事情，反而因为我们睚眦必报的行为，引发双方的仇恨，以至于争斗不休，这又是何苦呢？

在人际关系中，正确的应对方法，就是要懂得宽容，学会谅解。俗语说得好："金无足赤，人无完人。"对待他人的错误或过失，不妨宽容以待。

李斯特是著名的钢琴大师，在世界音乐史上占据着重要的历史地位。他成名之后，无数爱好音乐的人都对他崇拜万分。

有一位才华横溢的姑娘也是如此，她痴迷钢琴，也想要拜李斯特为师，然而苦于没有门路，迟迟未能实现自己的心愿。

有一次，姑娘想要开一场个人钢琴演奏会，以提高自己的影响力。当然她也知道，仅凭默默无闻的自己，很难吸引听众前来。于是大胆的她，四处让人宣扬她是李斯特的女弟子，准备近期在剧院开演奏会。

果然，李斯特女弟子的这一招牌，引起了众人浓厚的兴趣，大家奔走相告，想要一睹姑娘的风采。

巧合的是，消息层层扩散，最后竟然传到了李斯特的耳朵里。什么人如此大胆，公然冒充是他的女弟子呢？

如果换作一般人，肯定会一肚子怒气，直接兴师问罪去了。但是李斯特没有，宽宏大量的他，决定亲自去现场看一看。

来到现场之后，他和蔼地将那名姑娘叫到跟前，当面让对方弹奏了几首曲子，李斯特听了之后非常满意，安慰姑娘说："放心开你的演奏会吧，不要怕，光明正大地说你就是我的女弟子。"

姑娘原本忐忑不安的心终于放了下来，她对李斯特的宽容万分感激，演奏会也取得了空前的成功。

故事中的李斯特，显然就是一个大度宽容的人，对于别人的冒犯，他并没有横加指责，给了后辈一个提升自我的好机会，也赢得了人们的极大尊敬。

由此可见，宽容，是人们博大胸怀的体现，也是一个人修养和品行孕育下的"善意之花"，彰显了有宽则容、有容乃大的人生哲理。

当然，需要我们谨记的是，宽容，并非纵容，不能以丧失原则为代价。当对方施恶时，敢于"亮剑"，绝不能迁就容忍对方。

学会包容自己，是一种大智慧

懂得宽容他人，也应学会包容自己。包容自己的缺点，也要包容自己的种种不完美。要知道，在这个世界上，根本就不存在完美无缺的人，每个人的身上，总有这样或那样的缺点，只不过是缺点的大小有所区别而已。

明白了这个道理，当我们犯了错误，做了一些错事时，合理的自责和反思是必要的，但不要太过于自责，纠结其中始终放不下，极端者甚至走上自虐的道路，这对自我又有什么益处呢？不过是一种愚蠢的做法罢了。

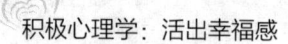

遍观古今，真正的伟丈夫，都是拿得起、放得下的人，错了就错了，吸取教训改过自新即可；失败了就坦然接受失败，从哪里跌倒，就从哪里爬起来，拍拍身上的灰尘，继续笑对生活，活出精彩的自我，这才是人生的大智慧。

怀揣一颗感恩的心

懂得感恩,莫让恨蒙蔽了眼睛

提到"感恩"这一词语,想必每个人的脑海里都会涌现出类似感恩的一大堆词语或名言警句,如"知恩图报""吃水不忘挖井人""前人栽树,后人乘凉""受人滴水之恩,当以涌泉相报"等。

其中的原因,在于我们中华民族的传统美德教育中,感恩教育一直是其中的一个闪光点。古时候,从孩子启蒙开始,私塾老师就要教导孩子背诵《三字经》《千字文》,早早告诉孩子们"乌反哺,羊跪乳"的道理,让他们懂得感恩,学会感恩。

由此可知,感恩是一种积极情绪的外在体现,是立身做人的重要基石。因为懂得感恩，人的内心才充满了爱。

然而，在实际生活中，有这样一部分人，他们言语尖刻，总是满腹牢骚，将他人的爱与关怀，视作理所当然的事情，心安理得地接受，从没有感恩的心理，也从不去做任何感恩的回报。

更有甚者，当他习惯了别人的爱与温暖后，一旦稍有不如意的地方，就会怒气冲冲，又哭又闹，恨，将他们的双眼蒙蔽了。

有一位小姑娘，家境比较不错，爸爸妈妈也非常疼爱她。为了让她受到良好的教育，拥有不输于同龄人的优越生活，凡是她提出的各种要求，父母总是想尽一切办法去满足她。

谁知父母的关爱，并没有培养出小姑娘感恩的心理，她认为父母对待孩子本应如此，天经地义，有什么可值得感恩的呢？

有一次，小姑娘对钢琴产生了浓厚的兴趣，回家便吵着闹着要父母给她买一架钢琴，还特意提出，必须要最好的，一般质量的她看不上。

恰巧那几天父母忙于工作，一时疏忽了女儿提出的要求。三天后的一个早上，因为没有见到心爱的钢琴，小姑娘和妈妈大吵了一架，气急的她，一怒之下选择离家出走。

离开家门，小姑娘也不知道该往哪里去。在偌大的城市里，她一个人从早上游荡到晚上，一整天水米未进，实在是饿坏了，最后她在一家面馆的门前停了下来。

由于离家匆忙，她分文未带，饥肠辘辘的她，又饥又累又困，被面馆的香味深深吸引住了，再也迈不动脚步。

面馆老板娘是个热心人，她很快注意到了小姑娘反常的行为，赶忙将她拉进面馆里，给她做了一大碗香喷喷的面食。

饿了一整天的小姑娘，狼吞虎咽般将一碗面食吃光，这才有力气对老板娘说："谢谢您，您是一个好心人。"

老板娘关心地询问小姑娘的情况，得知原来她是因为和父母吵架而出走后，不由语重心长地劝导她说："刚才我给了你简简单单的一碗饭，对我这样一个陌生人，你都知道去感谢我，心怀感恩。可是你是否想过，父母辛辛苦苦养育你十几年，从不让你操心衣食住行方面的问题，他们付出的，要多过我千百倍，然而你为什么从没有感恩的心理，还非要和爸爸妈妈闹别扭呢？"

老板娘的一番话，让小姑娘如梦方醒。是啊，父母为了子女，付出了那么多，承受了那么多，为什么不去感恩，反而去恨他们呢？

所以，在任何时候，我们都应反思自我：对待身边的人，正确的做法是少一分恨，多一分爱；少一分抱怨，多一分感恩。当我们拥有了这种感恩的心理之后，便会发现这个世界处处都是爱与温暖。

人人为我，我为人人

感恩是一种美德，感恩也是一种积极的生活态度。在人际交往中，从人与人关系的本质上看，感恩实际上是人际关系相互作用的一个过程。简言之，人人为我，我为人人。

一只小瓦罐，外形粗糙丑陋，其他瓦罐都嫌弃它，不愿和它一起玩。

更让它难过的是，其他小伙伴都被搬进了屋子里，不用风吹日晒，只有这个小瓦罐，被主人随意地丢弃在外面，对它不管不问。

可是院子里的花草却都愿意和它交朋友，多少个孤独的夜晚，都是这些花花草草陪伴它度过的，这让小瓦罐感激万分。

为了感谢花草的陪伴，每次下雨的时候，小瓦罐总是敞开肚皮，竭尽所能地多存点水。等到天气干旱的时候，风一吹，小瓦罐就努力歪斜着身子，将肚子里面的水都倾倒出来，对身边的花花草草热情地招呼说："大家一定渴坏了吧？别客气，都快来喝呀！"

在小瓦罐的滋润下，院子里的花草都长得非常茂盛，开出的花朵也格外娇艳，整个院子都充满了芬芳的味道。人们都纷纷夸赞这家主人的院子太漂亮了，小瓦罐和花草们听了，心里也是美滋滋的，它们都找到了自己存在的意义。

这则寓言故事告诉我们，人人为我，我为人人，在人际交往中，其本质是互惠互助。我们得到了帮助，也应明白饮水思源的道理，心怀感恩之心，将这份爱传递下去，去成就他人。

心中有爱，人间值得

人间没有不值得，只有不值得的活法

有人说，人生的底色是悲凉的，很多时候，常常被莫名的孤独感包围，不知道人生奋斗的意义在哪里？

正如哲学家查尔斯·泰勒在《自我的根源》一书中所说的那样："当今社会人们最典型的道德困境是意义感的丧失，或是觉得生活没有实质性的意义，只是为了活着而活着，缺少方向感，没有确定性。"

也有人说，成年人的世界，从来没有容易两个字。工作中上司无端的指责，同事之间的矛盾，感情上的纠纷，凡此种种，都令人身心俱疲。

然而，为了生活，为了承担起养育家庭的重任，我们不得不咬紧牙关，负重前行。在稍微获得喘息的短暂瞬间，我们抬头四望，顿感前途渺茫，昏暗不明，没来由，一种无助的悲凉便涌上了心头。

由此一些人常感叹说："为什么我要活得这么累？又为何倒霉透顶的总是我？人生的意义究竟在哪里呢？是我自己选择的奋斗方向错了，还是人间不值得呢？"

实际上，人间从来没有不值得，只有不值得的活法。在人生的风雨波折面前，如果我们失去了爱和希望，丧失了和命运抗争的勇气，戴着"有色眼镜"来观察眼前的世界时，人间总也有种种的遗憾和不美好。

但换一种活法，让内心始终充满爱和希望时，便会惊喜地发现，人世间竟然有如此多令人感动和珍惜的美好。

一只蹒跚学步、叫声稚嫩的小羊，不由触动了心灵深处最柔软的部分，让我们感悟到生命的伟大；登高望远，气势磅礴的山峦奇峰激起心中"会当凌绝顶，一览众山小"的豪迈之情，令我们的心胸为之开阔，领略到人间胜景的奇妙之处。

心中有爱，让我们的眼睛里充满了希望的光芒；心中有爱，也使得我们能够正确看待所经历的波折困苦，不再视磨难为困难，也不再将征途当歧路，乐观和自信的种子也因此在心田成长为一颗"参天大树"，使得我们具备和一切苦难抗争的信心与勇气。

汪曾祺老先生在他的散文集《万物可期，人间值得》一书中，讲述了自己对抗逆境的经历与心灵感悟，他以过来人的口吻告诉每一位读者，只要让自己的心中充满爱，始终保持对生活的兴致和认真，自然就会发现人世间的一草一木、一枝一叶都饱含了光阴的温暖。

爱自己，爱他人，人间值得

心中有爱，爱什么？爱自己，爱他人，爱这个人世间所有值得爱的一切，当我们被温暖和感动所包围时，昔日的痛苦和心中的块垒，都将烟消云散。

有一位年轻人，创业失败，又身患重病，他认为自己活得实在是太难了，命运总是在嘲笑他，捉弄他。

他外出散心，登山时，心情郁闷的他，坐在一处风景绝佳的悬崖峭壁边思索着往事。神思恍惚的他，一个不留神，身体重心倾斜，眼看就要从悬崖处滑落下来。

幸好，年轻人心事重重的异常举动，早已被一名女游客看在了眼里，当年轻人的身体即将滑落的一瞬间，女游客疾步上前，一把抓住了他的一只手。其他人闻讯赶来，合力将这名青年男子救了上来。

事后，有记者采访那位女游客："你一个弱女子，如何有力气拽住一个全身重心下坠的男子呢？即使是一个壮小伙，也坚持不了多久，但是你却一直坚持到救援的人赶过来，为什么？"

女游客回答说："我是一个女子，力气确实很小，一般情况下，我肯定坚持不了那么久。但当时我只是觉得，他还那么年轻，不能就这样掉下去，我必须拼尽全力坚持住，因为那是一个生命。"

女游客的话语不多，却令人莫名感动。在生与死的瞬间，正因她的心中充满了善良与爱，爱他人，才让她创造了本不可能坚持下去的奇迹。而她也希望通过这个方式，让那名年轻人明白，一定要珍惜生命，学会爱自己！

而那名年轻人，得知女游客为了救他，整条手臂都被拉伤了，不由羞愧满面，痛哭流涕。他以为这个世界上再也没有温暖他的人，没有肯关心他的人，然而一位陌生人，却能拼死救下自己，谁说人间不值得呢？他还有什么理由不好好活下去，不好好爱自己呢？

心中有爱，我们曾经的脆弱和敏感、悲伤与痛苦，都将随风而去。在爱的滋养下，我们懂得了爱自己，也明白要学会爱他人，不为别的，只因人间值得。

赠人玫瑰，手有余香

快乐的本质是什么

"赠人玫瑰，手有余香"这句话，原是源于英国的一句著名谚语，因其朗朗上口，又富含哲理，因而被世人所熟知。

这句话的原意是说，给人以玫瑰，虽然是一件很微小的事情，然而在赠送者和接受者双方的心里，都会升腾起温馨、温暖的感觉。后来多用作比喻帮助了他人，自我的内心会因此感到快乐。

由此可见，赠人玫瑰，手有余香，是人们身上爱心和善意的外在投射，给予他人方便，自己也从中受益；帮助他人，实质上也是帮助自己，使自己从中获得快乐和满足。

进一步去理解，付出和给予是一种快乐，这是快乐的本质所在。反之，只是单方面占有的快乐，并非真正的快乐。

国外有一位小姑娘，住在一栋大房子里，她有很多玩具，只要是她喜欢的玩具，爸爸都会想方设法给她买回来。可是在小姑娘的脸上，很少看到快乐的笑容。

妈妈问她："有这么多好玩的玩具，你怎么不开心呢？"

小姑娘回答说："每天都是我一个人玩，真是太无聊了，没意思透了。"

院子外面传来孩子们的嬉笑打闹声，透过栏栅的缝隙，还有几个小朋友探着小脑袋，眼巴巴地向院子里张望。

妈妈看到这里，就对小姑娘说："你看外面还有那么多好朋友，你为什么不把自己的玩具拿出来，和他们一起玩耍呢？"

小姑娘担心地说："我是怕他们弄脏了我的玩具，不愿意和他们分享。"

妈妈笑着鼓励她说："怎么会呢？玩具就是大家一起玩才有意思，你不妨试试看。"

在妈妈的鼓励下，小姑娘终于点头同意了，向院子外面的小伙伴们发出了诚挚的邀请。于是一大群小朋友都跑了过来，大家做游戏，玩玩具，快乐的笑声充满了整个院子。

在小朋友们的陪伴下，小姑娘玩得非常开心，从此之后，她总是热情地邀请大家一起玩，她的脸上每天都洋溢着快乐的笑容。

小姑娘的故事，告诉了我们一个道理，真正的快乐，不是占有，是给予，与大家分享，让大家得到快乐的同时，自己也会更加快乐。

与人方便，与己方便

赠人玫瑰，手有余香。其中的"赠"，是给予，是付出；里面的"余香"两个字，代表的是获得，是从中受益。

古时候，有一位盲人，住在村子的最东边，小路弯弯，小巷深深，盲人就让人在自己的门前挂上了一盏红红的大灯笼。

每到夜幕降临的时候，盲人就摸索着将灯笼点亮，从很远的地方，人们就可以望见他门前散发着红光的灯笼了。等到夜深了，他才将灯笼熄灭。

盲人夜里点灯，真是令人摸不着头脑，有人实在忍不住了，就好奇地问他："你是一个盲人，什么都看不见，根本不需要照明，为什么非要晚上点燃灯笼，这不是一种无谓的浪费吗？"

盲人回答说："点上灯笼，别人走夜路的时候，不就方便多了？别人方便了，我自己也就方便了。"

询问的人还是一头雾水，继续问道："晚上有灯光，方便了别人，这句话我明白，但你说也方便了自己，究竟是什么意思呢？"

盲人沉默了片刻，语重心长地对那人说："夜里点燃了灯笼之后，大家看路就都清楚了，有时我有急事进进出出，他们看到了我，也就不会撞到我了。"

盲人的一番话，终于让那人恍然大悟。虽然盲人看不到，不需要光亮，可是眼睛正常的人需要光亮，有了这盏灯，方便了路人的同时，也给盲人自己带来了益处。

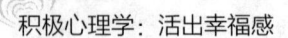

赠人玫瑰，手有余香。方便他人，也方便了自己；帮助了别人，其实也是在帮助自己，如此简单浅显的道理，不知道有多少人能真正懂得其中的含义？

如果我们能真的明白"赠人玫瑰，手有余香"话语里面的精髓，那么也就应该能够明白，付出和给予才是人生最大的收获。快乐不能独占，要学会分享，这样才能得到真正的快乐；同样，在人生发展中，也不能只想着去成就自己，只有学会在成就自我的同时，也力所能及地去成就他人，人生才会有更为广阔的进步空间。

放松自己，享受从容

从容的生活需要张弛有度

时代的发展，让我们置身于快节奏的生活氛围之中，每天脚步匆匆，忙忙碌碌，紧张与焦虑似乎成了我们日常生活的主题。高强度的学习，没完没了的加班，一个又一个接踵而至的项目，常常令人压力重重，倍感迷茫和焦躁不安。

有时仔细回想，有多长时间没有陪伴家人一起用餐了？有多久没有酣畅淋漓地踢一场足球比赛了？又有多久没有去影院看一部热映的影片了？

我们总在忙碌，总是在逐梦的道路上不肯停下匆匆的脚步，也总是暗暗对自己说：再坚持一下，努力一把，等到忙完了手头的工作，好好让自己放松一下。

然而，当手头的工作真的忙完了，下一个任务又压了过来，在一番纠结之后，只能继续安慰自我：任务马上就结束了，再忍一忍，回头给自己放个假，彻底放松一把。

如此反反复复，总是一推再推，到了最后，依旧是一年从头忙到尾，没有能够让自己彻底地放松一回。

然而，我们是否想过这样一个问题：我们的焦虑、紧张、不安等消极情绪，是否是因为没能放松自我造成的呢？

实际上，静下心来反思，每日里忙个不停，杂务缠身，身心俱疲，恰恰导致了诸多负面情绪的产生。高强度的工作学习，神经始终处于紧绷的状态，长此以往，各种不良情绪自然纷至沓来，令我们不堪重负。

《菜根谭》一书中说："天地寂然不动，而气机无息稍停；日月昼夜奔驰，而贞明万古不易。故君子闲时要有吃紧的心思，忙处要有悠闲的趣味。"

这段话的中心意思是什么呢？一个人日夜操心忙碌，反而背离了生活原本存在的意义，正确的做法，要让自己的生活张弛有度，忙而不乱，这才是真正领悟了生活的本真要义。

不可否认，努力奋斗是一种优秀的品行，然而在忙碌中能够做到从容不迫，更是一种人生智慧。

有人说，生命是一场只能向前的单程旅行，沿途中有太多的风景需要我们注目欣赏，春云夏雨秋夜月，即使是纷飞的白雪，也是一种人间盛景。然而，生活中的很多人，只顾着埋头奔跑，却错过了本该好好放松享受的人生美景。要知道，适当的放松休息，是为了更好地前行，让我们向远方跋涉的脚步更加沉稳有力。

所以，明白张弛有度的道理，适当学会放松自我，秉持一颗淡定恬然的心境，任他风吹浪打，我自闲庭信步，生活才能真正优雅从容起来。

你放松自己了吗

停下奔波的脚步，慢慢坐下来品一杯香茗；放下手头的工作，读一读古往今来先哲圣贤的经典之作，放松自我，让生命的韵律得以维持平衡，忙中有闲，以享受从容的生活，感悟生命的充盈与充实。

但要问的是，你是否真的放松了呢？或者说，你是否明白放松的真实内涵呢？

有人想当然地认为，放松无非就是停止工作，躺下来休息。显然，这是对放松最为肤浅的认知，真正的放松，既包括我们身体机能的放松，也包括我们心灵的放松。

学会放松，首先要懂得放下。

人们常常热衷追求人生的圆满，为此一辈子都在奔波追逐梦想的路途上，不肯停歇片刻。然而，认真思索，人生哪有那么多十全十美的事情呢？不完美和些许遗憾，才是人生的常态。

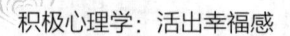

明白了这样的一个道理，不妨经常给自己以小小的提醒：凡事不可太过执着，该放下的时候就应学会放下，如此才能享受到从容淡定的生活。

所以，在生命的历程中，有些纠结纷扰的事情，不如轻轻放下，未必不是一种从容和轻松；有些或深或浅的伤痛，不妨一笑置之，淡然看开，未必不是一种云淡与风轻。

学会放松，还应让心变得简单一些。

我们的好情绪从哪里而来？自然是源自好的心情、好的心态。在好心情的驱使下，我们才能拥有乐观阳光、自信从容的积极情绪，身与心也会因此得到彻底的放松。

而想要让自我拥有好的心情，关键的一点，就是先让我们的心变得简单一些。因为太多的欲望，太多不切实际的追求，让自我负重太多，久而久之，便渐渐迷失了自我。

心若简单，不受外界繁杂景象的迷惑，自然能对生活看得通透；心若简单，我们追求的目标与人生理想也会更加清晰可见，脚步稳健了，才能走得更远。

保持热情，时刻活在春天里

保持热情和激情，活出不平庸的你

如果要问，在生活中，你愿意和哪一类人亲近呢？是精神萎靡、消极怠惰的人，还是时刻热情四射、充满无限激情的人呢？

相信大多数人都会毫不犹豫地选择和时刻保持热情与激情的人相处，因为他们的身上总是充满了无穷的活力，他们对生活的无限热爱，能够深深感染我们，并对我们的人生发展起到正向的指导作用。

事实也是如此。无论学习、工作或生活，热情必不可少，这是一种积极乐观生活态度的体现。凡是取得了一定成就的人，从他们身上，也总能看到热情似火的冲天干劲儿，在这种动力支撑下，他们迎难而上，披坚执锐，克服一个又一个令人难以想象的艰难险阻，最终站在了胜利的巅峰。

有一位画家，在业内享有盛誉，他的山水国画冠绝一时。

一个热爱绘画的人慕名前来拜访他，交谈中，这个人称赞画家说："你能在绘画领域取得如此巨大的成就，秘诀是什么呢？我想你一定在这方面非常有天赋吧？"

画家听了，却笑着摇头说："我哪里有什么天赋，我认为自己资质中等，和大多数普通人一样。"

这个人不由睁大了眼睛，在他看来，画家的说辞，无非是一种谦虚的姿态而已，没有天赋的人，又如何能够成为绘画领域的大师呢？

画家仿佛看穿了这个人的心思，他继续淡淡地说道："刚才你问我成功的秘诀是什么？其实并非一定要有天赋才可以，我的秘诀就是，始终对绘画保持热情。年轻的时候，我就喜欢上了绘画，那时投师无门，我便自己摸索着练习，无论多忙，每天都要求自己拿出一定的时间用在绘画上面。有时有了灵感，我一坐就是一整天，不停地画啊画！当时和我一起学习绘画的青年有好几个，但是慢慢地，他们都失去了对绘画的兴趣，只有我不改初心，时刻告诉自己，一定要坚持下去，对绘画充满激情。正因如此，我这才一步步走到了今天。否则，我也只是一个不足为奇、泯然众人的平庸者而已！"

画家的一番话，让这个人恍然大悟。人活在这个世间，如果缺乏一个热情洋溢的炽热之心，消极厌倦，自甘沉沦，做事浅尝辄止，无疑是一具失去了灵魂的行尸走肉罢了！

无论在哪一个领域摸爬滚打，我们都要坚持初心，保持热情，向着期望的目标坚定前进。那时我们便会发现，人间处处皆是美好，时时春意盎然。

如何才能让自我保持长久的热情

热情，让我们怀揣梦想；热情，也让我们浑身散发无穷的朝气和蓬勃活力；热情，更是我们获得人生成功的强大心理基石。然而，很多人很难让自我长久地保持热情，做事的热度和耐心就那么三五分钟，很快便失去兴趣，打"退堂鼓"了。那么，如何才能一直保持长久的热情呢？

1. 树立正确的人生方向和发展目标

人活着的意义是什么？这是一个非常哲学的问题。人活着，要让自我充实，要做有意义的事情。所以，当我们有了正确的方向，便会无所畏惧地奋勇前行；当人生有了清晰可见的发展目标，也才会脚踏实地一步步地去实现它。

在设定了方向和目标之后，为了保持热情之心，不妨将目标分为长远、中期、近期三个阶段，每一个阶段目标完成之后，在此激励之

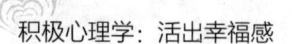

下，我们都会有百倍的信心向下一个阶段冲刺，始终热情似火，干劲儿不减。

2. 保持高度的自律性

永葆热情，不是一句空洞的口号，它需要人们无论遇到怎样的艰难险阻，都应长久地坚持下去，所以，高度的自律性必不可少。

高度的自律性，是指人们要让自己养成良好的生活习惯和工作习惯，日常生活作息规律，经常从事体育运动锻炼，以提升身体的活力；在工作中戒掉懒惰和拖延的毛病，唯有如此，才能让我们把生命中的每分每秒都过得更加有意义。

3. 做一个"自燃型"的人

日本著名的企业家稻盛和夫先生曾说："我要让自己成为一个'自燃型'的人。"稻盛和夫口中的"自燃型"的人，其实是指无论是对待工作还是生活，都应始终充满热情和激情。

做一个时时热情似火的"自燃型"的人，无非有两个前提：一个是做自己喜欢的工作，另一个是如若从事的工作不是自己所喜欢的，那就努力让自己喜欢上正在做的工作。

如果我们无法选择自己喜爱的工作，那就去适应，去自我调整，学会接纳并爱上眼前的工作。当我们全身心地投入其中，自然会品尝到甘之若醴的滋味。

第三章 向阳而生，造就积极的自我 CHAPTER 3

幸福宣言

☆ 向阳而生，用积极的自我，去开创精彩的人生。

☆ 保持一颗乐观的心，向消极情绪说"不"。

☆ 有积极的心态，乐观向上的人生态度，幸福就在我们的身边。

☆ 学会宽容，懂得感恩，我们会惊喜地发现，原来生活如此美好。

☆ 时刻保持热情，学会爱自己，爱他人，心中有爱，在轻松愉悦的心境下，享受生活的美好。

CHAPTER 4

第四章

真诚以待，建立积极关系

真诚以待就是真心实意地对待别人。与人相处，真心实意是开启他人心扉的第一步，真诚相待是获得他人信任的基本前提。只有用一颗真诚的心，才能打动另一颗心。

在日常生活和工作中，与各种各样的人相处，都需要真诚以待。与孩子相处要真诚地关心和赞美他们；与伴侣相处，要真诚地倾听对方的心声；与朋友、同事相处，要真诚地协作互助，做到多理解、多包容。这样，我们的人际关系将变得越来越好。

与人交往贵在真诚

怎样才算真诚

真诚是一种人生态度，当我们能发自内心地坦诚待人，才能保持这样的态度。真诚也是一种自然而然的状态，只有当我们发自内心地讲一些话或者做一些事情的时候，我们的状态才是自然的，而这种自然的状态也能够被他人所感知。

相反，如果以欺骗的方式与他人相处，那就是不真诚的，这样做会让他人失去对我们的信任。

小静和王雪是大学时期的室友和好朋友，毕业后两人各自找到了不错的工作。过了一段时间之后，王雪在自己的工作领域里取得了不

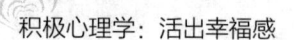

错的成绩，领导非常赏识她，并给她升职加薪。王雪心里非常高兴，便打电话将这个好消息告诉了好朋友小静。小静听到这个消息之后，心里却产生了一丝嫉妒和不快，甚至还认为王雪这是在跟自己炫耀，但她在电话中还是用非常愉快的语气跟王雪道喜。

当与王雪通过电话之后，小静越想心里越憋闷和难受，于是就将对王雪的不满告诉给了另一位朋友。过了几天，小静讲的那些话就传到了王雪那里。王雪听到后心里非常难受，再无法对小静敞开心扉，也不再与她分享自己生活和工作中的喜怒哀乐。

显然，王雪是将小静当成自己真正的朋友，才会跟她分享自己的喜悦，而小静的心口不一让王雪对她失去信任，再也不能对她以诚相待。

真诚，贵在何处

我们都知道真诚可贵，但真诚贵在何处呢？其实，在与人交往的过程中，真诚的品质可以给自己和他人都带来很多益处，因此才无比可贵。

在人际交往中，如果我们能够真诚待人，就能够为他人带去温暖，让他人对生活也多一些信心，从而生活得更好；如果我们能够真诚待人，他人也会对我们产生信任，在我们需要支持和帮助的时候也能果断伸出援手，助我们渡过难关。

第四章 真诚以待，建立积极关系 CHAPTER 4

此外，真诚待人还有一个非常可贵的方面，即不草率地去界定他人，而是从各个方面了解他人，发现他人更多优良的品质，从而综合判断其是否值得交往和付出真诚之心。

吴小莉是公司新来的同事，她有点自来熟，进公司不久后就跟大家混熟了，但大家也慢慢发现吴小莉不太尊重人，常常跟某人聊着天，还没等对方说完话，她又去跟另一个人说话，而且自己不熟悉的工作也经常麻烦同事帮忙。

张明曦和吴小莉在同一个部门，慢慢地，她也认为吴小莉是一个不好相处的人，每天与吴小莉相处，都让她觉得难受。后来，张明曦的一位朋友告诉她，看人不能片面，更不能随便给人贴标签，要全面地认识他人，并劝她可以多多了解自己的同事，然后再决定是不是要将其认定为不好相处的人。

果然，当张明曦真诚地去了解吴小莉后，在她身上发现了很多闪光点。比如吴小莉对来公司打扫卫生的阿姨非常友好，常常对她们表达感谢，或者与她们聊几句话，打声招呼。相比很多同事，包括张明曦自己，都没有对保洁阿姨说声感谢、打声招呼的意识；再比如，吴小莉在电梯碰到着急送餐的快递员时，会主动让位，当别人有需要的时候，她也会主动去帮忙。

看到了吴小莉的一些好的品质后，张明曦改变了对吴小莉的看法，在平时的工作中两人互相帮助，也渐渐建立了可贵的友谊。

高情商，让你在人际交往中游刃有余

在日常生活中，高情商的人往往很会跟人聊天，在各种人际关系处理中都能掌握好分寸，把握好情绪，并且能够巧妙地化解各种人际问题和尴尬场面，深受大家的欢迎和喜爱。人际交往中，懂分寸、心胸宽广、会换位思考、懂得体察他人情绪等都是高情商人士的突出特点。

懂得分寸，利人利己

真诚待人非常可贵，同时要懂得与人相处的分寸感，这是高情商的表现。在人际交往中懂得把握分寸感，才能为你的人际关系保鲜，不至于因过度"真诚"而造成适得其反的效果。

人际交往的分寸感就是做人做事要有底线和原则，不容他人触碰我们的底线，我们也不能无视他人的原则，讲话做事要把握得刚刚好，不能越界，也不能太过疏远，把握一个适合的度就好。

人们常说"君子之交淡如水"，其实就是在说一种分寸感，在任何的人际关系中，你就是你，他人就是他人，不管你们的关系多么密切，也要给对方留出空间，不过多干涉对方的事情，也不要过多评价对方的事情，更不能随便谈论对方在意的事情。

晓乐是一位患有肥胖症的女孩，肥胖的身体让她感到苦恼和自卑。但晓乐非常善良和真诚，她对身边的亲人和朋友都非常好，因此结交了不少要好的朋友，这也让晓乐开朗了不少。张阳就是她众多朋友中的一位，但此人心直口快，说话也直来直去，她不理解晓乐的自卑和苦恼，只是觉得朋友之间想说什么就说什么，所以她总是有意无意地说晓乐胖。每次两人分别一段时间再见面的时候，张阳总免不了一边笑一边说晓乐好似又胖了。晓乐每次听到这些心里总会很难受，晓乐也跟张阳沟通过，让她不要再这样讲话，但张阳有自己的一套说辞，她认为实话实说才算得上是真朋友，也才更实在、更亲近。但她没有考虑到朋友的感受，也不知道即便是亲密的朋友之间也需要掌握说话的分寸。

日常生活中，我们经常仗着与朋友关系好就口无遮拦，毫无顾忌地讲一些有失分寸的话，往往在无意中伤害了我们的朋友。其实，越是我们熟悉和亲近的朋友、家人，越要谨慎地去维护与他们的关系。

因此，不管说话还是做事，在人际交往中，利人也能利己，凡事以利人利己为出发点，分寸感也就能够把握到位了。

换位思考，理解他人

换位思考就是推己及人，站在他人的立场上思考问题，体会他人的感受和难处，然后尽可能地帮助、理解、包容、尊重和宽恕他人，尽量以对方所希望和期待的方式去对待他人，让你和他人的关系变得更加融洽和谐。

励志书籍作家拿破仑·希尔曾说："懂得换位思考，能真正站在他人立场上看待问题，考虑问题，并能切实帮助他人解决问题，这个世界就是你的。"这就说明，如果能换位思考，在人际交往的过程中，你就能掌握主动权，比如选择去包容他人的某些缺点，选择不说会让对方感到难受的话语等，都是在理解他人立场的基础上做出的一些更有优势的选择。

刘小希有洁癖，爱干净，每次有朋友来家里的时候，她都要提前准备一个坐垫，在门口也要先喷洒消毒喷雾才能让客人进来，进来后也要让客人及时换上拖鞋才安心。这本是比较好的一些卫生习惯，但常常让一些大大咧咧的人感到心里不舒服。

卢颖是刘小希的同事，有点大大咧咧，但为人坦荡、善良，刘小希非常喜欢和她来往。当卢颖第一次去刘小希家做客时，见到刘小希又是消毒又是拿坐垫，让她觉得非常尴尬和不自在，她一度以为是刘小希嫌弃她，所以当刘小希再次叫她去做客的时候，她都以各种理由拒绝。

后来有一次，卢颖听到有同事在背后讨论刘小希的洁癖，她这才知道原来刘小希并非故意嫌弃自己，于是觉得非常自责。

过了一段时间，卢颖买了一些水果，主动要求去刘小希家做客，在进门的时候，她看到略显局促的刘小希，主动拿起消毒喷雾喷洒，并且在门口换上了拖鞋，落座的时候也特意坐在刘小希专门为客人准备的垫子上。卢颖的这一系列动作都被刘小希看在眼里，心里无比温暖。

生活中，一些人总觉得别人不理解自己，甚至还觉得别人对自己充满了恶意和不尊重。其实这些人如果能静下心来分析自己的这些想法，就会发现自己可能是以自我为中心地去思考问题了，觉得自己受到了伤害或者损失，而并没有真正地去考虑别人的立场和难处。如果这些人能够学会站在别人的立场思考问题，可能那些所谓的痛苦和不满自然就能消除。

心胸宽广，包容他人

当形容一个人心胸宽广，有大气量时，人们常常会使用"海纳百川，有容乃大""宰相肚里能撑船"这样的经典名句。而拥有大肚量、大气量的人往往也是高情商的人，这样的人通常都是谦逊的人，能够理解和包容他人，可想而知，他们的人际关系必然不会差。

十六国时期，后赵的创立者石勒就是一位心胸宽广的人，石勒做皇帝后，也能放低自己的姿态，虚心听取身边有才华的谋士的意见。同时，他对下属、将士也是宽宏大量，因此这些下属、将士都愿意誓死效忠他。在石勒的治理下，后赵一度成为中国北方最强的国家。

石勒登上皇位后，有一次回乡与乡亲共庆，但在宴会上没有看到自己以前的邻居李阳，后来才知道李阳怕自己报复责罚而躲了起来，因为以前李阳与石勒经常因为争夺田地而大打出手。

于是，石勒就派人去请李阳。当李阳来到石勒面前，石勒便告诉他，自己不会因为以前的那些小事而责怪报复他，之后不仅邀请李阳与他举杯共饮，还给李阳封赏官职、赐予宅院。

石勒以其宽厚、包容获得了人心，而那些愿意追随和效忠他的人们又帮助他建立起一个强盛的国家。可见，以宽广的心胸去包容和理解他人，不仅能让他人受益，也能获得他人的信任，让自己的路越走越宽。

洞察他人，掌控情绪

在人际交往中，如果我们能够及时地洞察到他人的情绪，那么就能及时地对正在进行的话题或者行为做出调整，避免误会和伤害的发生。

日常交流中，我们一般通过观察他人的表情、动作以及状态等，判断他人的情绪和内心活动，以下是一些常见情绪发生时，人们的表情和动作，列出供你参考。

第一，当人高兴、开心的时候，微笑的同时会眨眼睛，而当人内心不高兴而假装高兴时，眼睛就不会眨。

第二，当人对某件事情不感兴趣时，眼神会有些涣散，容易打哈欠，而且身体会不同程度地向后倾。

第三，一个人在说谎的时候，会揉鼻子，眼神飘忽不定，并且不断地眨眼。

第四，一个人忧愁时，眉头紧蹙、嘴角下垂。

第五，一个人愤怒时，嘴唇紧闭、眉毛朝下蹙。

关爱与赞美，让亲子关系更紧密

亲子关系就是指父母与孩子之间的关系，是每个人来到这个世界之后，最先建立的人际关系，也是每个孩子身心得以健康发展的基础与保障。多一些真诚的赞美，用心地关爱孩子，就能建立紧密、有爱和健康的亲子关系。

关爱孩子，就给孩子空间

每个孩子都需要父母的关爱，但关爱并不等于控制。很多父母在与孩子相处的过程中，把握不好关爱孩子的度，从而总是将关爱变成

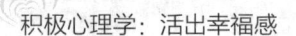

干涉和干扰，剥夺属于孩子的空间，让孩子小小年纪就背负很大的压力。

其实，每一个孩子都是独立的个体，在成长的过程中他们会慢慢形成对事物的看法，会有自己的想法，也会有自己的兴趣爱好。作为父母，如果我们一直管着孩子，让孩子按照我们的思路做事、生活，事事都由我们来为他们做决定，那么孩子内心势必会产生排斥心理，长此以往，亲子关系可能就会出现隔阂。

那么，怎样做才是爱孩子，又给了孩子空间呢？

首先，试着放手让孩子自己去做选择，而我们只需在孩子的成长中默默充当守护者，当孩子需要我们的时候，我们在就可以了。

其次，不要总觉得孩子还没长大，就认定他们做的很多决定都是错误的，担心他们会吃亏。要知道，孩子总是要长大的，如果在成长的道路上，不经历一些磕磕碰碰和失败，他们怎么才能长大，才能变得更坚强、更优秀呢？

赞美孩子，要注意这些方面

孩子好奇心强但自信心不足，他们喜欢和需要来自大人们的赞美和肯定。但当我们决定给予孩子赞美的时候，一定要注意一些关键的点，如果掌握不到位，可能会不利于孩子的健康成长，也不利于发展良好的亲子关系。

首先，赞美孩子要秉持一以贯之的态度，不能偶尔对孩子大加赞赏，其他时间又不予理睬。孩子的成长过程是漫长的，如果在这个过程中，父母的态度一直反复无常，会让孩子没有安全感，陷入迷茫和矛盾之中，从而无法判断自己的哪些行为才是正确的，哪些行为才能够得到父母的赞许和认可，这很容易让亲子关系产生隔阂。所以，在孩子成长的整个过程中，我们要坚持不断地给予孩子合适的赞许和肯定。

其次，赞美孩子要讲究原则，不能以爱孩子为由而对孩子做出的任何行为都要赞赏一番，这与溺爱无异。

再次，赞美孩子要注意方式方法，比如就事论事、具体精确地赞扬，这样孩子才能感受到父母的真诚之心。

最后，赞美孩子要掌握时机和分寸。当孩子做了值得赞赏的事情之后，要及时地加以赞美；当孩子在某方面已经做得很好了，或者已经养成了良好的习惯，就要把握分寸，减少在这方面的赞美。

有效沟通，更能提升亲子关系

有沟通，才能有持久且良好的人际关系，而亲子之间的沟通尤为重要，因为这对提升亲子关系大有裨益。那么，亲子之间如何才能实现有效沟通呢？这就要求我们要学会尊重和理解孩子。

人与人能够建立亲密的朋友关系，是因为人与人之间有尊重、理解和包容，那么我们要想与孩子建立密切的亲子关系，就更加需要理解和包容孩子。尊重孩子，就是要呵护孩子的自尊心，给孩子自主选择的权利，支持孩子的梦想等，总之要将孩子当成朋友或者与我们地位平等的人去看待；理解孩子，就是要学会倾听孩子的心声，站在孩子的角度上考虑问题。只有做到这些，孩子才会和我们有话聊，也才愿意跟我们说他心中的想法。

王利民是某科技公司的中层领导，他的儿子王一航十岁了，最近他发现儿子总是喜欢摆弄画笔和颜料，因害怕儿子耽误学习，他总是有意无意地督促儿子两句，让他不要耽误学习。

可是，每次当王一航有意愿和勇气向父亲诉说自己的梦想时，王利民总是一边看文件、打电话，一边敷衍地回应几下，其实他根本就没有听进去儿子说的话。

过了一段时间，王利民发现儿子在家很少说话了，也很少与自己说学校发生的一些事情了，为此他还专门找儿子沟通过，只是效果不佳。

一次学校开家长会，老师找来王利民，告诉他王一航在绘画方面很有天赋，希望家长也能多多鼓励和支持。听到老师这样说，王利民马上问："画画不会耽误学习吗？"老师很无奈地摇摇头说："王一航很乖的，也很有想法，画画并没有影响他的成绩。还有，他前段时间送去参赛的绘画作品还得了奖，难道您不知道吗？"

听到老师说的话，王利民这才意识到自己这段时间忽略了儿子。回到家后，王利民主动提出要看儿子的美术作品，聊儿子的爱好，并且就参赛作品得奖这件事真诚地表扬了儿子。果然，这次儿子跟他讲了很多话，他也更加了解了儿子的喜好，并且决定支持儿子，父子俩的关系从此也变得更加紧密了。

从上面的案例中可以得出以下几点启示：第一，要用心去观察孩子，及时察觉孩子想要与我们沟通的意愿；第二，在与孩子聊天的时候，不要总是将督促孩子学习的话挂在嘴边；第三，要学会倾听，抓住孩子话语中流露出来的各种信息，以此深入了解孩子。

学会倾听，让婚姻关系更美好

和谐稳定的婚姻关系，是家庭幸福、生活如意的基础和保障。但在如今快节奏的社会中，很多夫妻都不懂得如何去经营自己的婚姻，常常争吵、冷战，甚至发展到离婚的结局。

学会倾听，才能促进夫妻双方的沟通和交流，夫妻之间的矛盾和问题也才能得到解决，婚姻关系才能变得更美好。

不打断，不反驳

在倾听另一半的倾诉时，最重要的是要有耐心，控制好自己想要

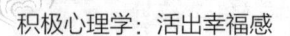

反驳、打断对方、表达自己想法的欲望。

通常，当对方讲出某个话题，我们内心不认可的情况下，就会萌生出想要打断对方、讲述自己观点的想法，这时候可能对方并未完全表达出他的想法。所以，遇到这样的情况时，我们要耐住性子，不要着急，等对方说完，我们再表达自己的想法，这样既是对对方的尊重，又可以让我们清楚地了解对方的想法，从而避免误会和争吵的发生。

此外，夫妻双方中，有一方情绪比较激动时，就会给另一方不舒服的感受，让其没有耐心再倾听下去，这时候也很容易发生反驳和争吵。然而，越是遇到这种情况，你越要学会冷静面对，等对方将话说完，情绪稳定的时候，可以就其说话的内容、语气等，说出你的感受，因为只有这时候，对方才能平静且认真地听你讲话。

不打压，不责备

有一些人在生活中常常将另一半当成教训的对象，对其所做的事情、说的话进行评判，责备起来更是没完没了，就像家长教训孩子一样。然而，夫妻相处，重在理解包容。在平时不要总是打压和责备对方，要耐心倾听对方的心声，这样才能真正地理解对方。

下班回家，妻子准备做饭，发现忘记买小葱了，于是打电话给回家途中的丈夫，让他买点小葱回家。回到家后，满头大汗的丈夫把买好的葱拿给妻子，并且说："给你葱，今天……"

还没等丈夫说完话，妻子生气地说："我叫你买些小葱，你给我买来大葱做什么？你真的是干啥啥不行，一天天就知道躺着玩游戏！"

丈夫听完再也不想解释小葱卖完了，想着用大葱代替这件事情，而是也用生气的口吻说："好，我现在做什么事都入不了你的眼！"说完就摔门而出。

如果夫妻之间，有一方只知道责备、不懂得倾听，那么时间久了，两人三言两语不合就会争吵起来。所以，不打压、不责备，认真听对方将话说完，然后再表达自己的需求，这是夫妻之间非常重要的相处之道。

倾听要认真，不能敷衍了事

现在很多人都有手机不离手的习惯，在听另一半讲话的时候，也要边打游戏或者看视频，边听对方讲话，这就是倾听不认真、敷衍了事的表现。

如果我们在听对方讲话的同时还在做另一件事情，那必然不能全身心地去倾听，有时候甚至听不到对方说话，这会让对方觉得我们不在乎他，从而出现伤感、愤怒的情绪，如果这种情绪长期积压，就会发展成无休止的争吵。

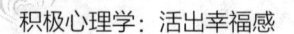

因此，认真倾听要做到专注，专注的同时，我们也要注意提取对方讲话的核心意思，然后找准时机，复述这个核心意思，以确认已经听懂了对方的话。这样的做法会让对方觉得我们是在认真听他讲话，也会觉得自己得到了尊重，从而让沟通交流变得更加顺畅，婚姻关系也变得和谐融洽。

倾听，也要适时地给出反馈

有时候，倾听不能只听不说，倾听中适当的反馈能够引导对方继续倾诉，对我们讲出更多的心里话。

比如，在吃饭的过程中，对方抱怨当天的工作太累，这就是对方想要对我们倾诉时发出的信号，这时候我们可以加以引导，及时地询问对方为什么会那么累，接下来对方可能就会讲出工作中遇到了哪些困难，我们默默倾听并及时回应，对方的压力便会在倾诉的过程中慢慢得到释放。

相反，如果当对方发出想要倾诉的信号时，我们不懂得如何加以引导和反馈，而是责备他天天喊累，那么对方心里就会积压更多的压力和委屈，最终演变为争吵或者冷战，从而使婚姻产生裂痕。

倾听是相互的，不能只倾诉不倾听

生活中，有一些人喜欢喋喋不休地向另一半倾诉自己的心声，却没有耐心倾听另一半的心声，这样往往会让另一半心里觉得不平衡。因此，对另一半有耐心，懂得相互理解和倾听，才能更好地平衡夫妻关系，让婚姻更美满。

这天，刘梦和丈夫刚刚看完电影，在回家的路上，刘梦一直在丈夫旁边谈论自己对电影中各个细节的理解和看法，丈夫在一旁默默地倾听，并时不时地做出回应。

过了一会儿之后，刘梦终于说完了，这时候丈夫开始说他的理解，说到一些和刘梦不同的看法时，刘梦立马强势地打断丈夫，说道："你这样的理解是不对的，你没有考虑到另一条线索……"

等刘梦说完，丈夫接着又耐心地说："你还没听我说完，我的理解并非你说的这样……"刘梦立马又说："那你都那样说了，就是不对呀！"

这时丈夫有点不耐烦地说："每次你说话的时候我都能耐心地听完，为什么你就不能听我把话说完呢？算了，我不想再说了。"

此话一出，刘梦也生气了，两人便大吵了一架。

如果夫妻双方中，有一方只知道不断地向对方倾诉，而没有耐心去倾听对方的声音，长此以往，不对等的相处方式，也会让懂得倾听的一方变得烦躁和没有耐心，两个人的关系也慢慢地出现裂痕。

婚姻是属于两个人的，所以不能总是让一个人努力付出，双方都要懂得换位思考和相互倾听的道理，这样才能让婚姻更幸福、更长久。

与原生家庭和解，优化与父母的关系

发现原生家庭的问题

家庭是我们赖以生存的环境，其中有欢乐，也有忧伤。有些人常常觉得父母偏心，不太爱或者不重视自己；有些人觉得父母管得太严格，让自己感到压抑，更甚至无法坚持去做自己喜欢的事情。这些都是原生家庭中存在的问题。

原生家庭是每个人出生和成长的地方，每个原生家庭都有其独特的氛围、习惯，其中子女与父母的相处方式、父母教育子女的方式等都不相同，这些方面都深刻地影响着原生家庭中的每一个孩子。

只有发现原生家庭的问题，并且正视这些问题，与原生家庭和

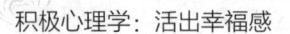

解，才能有效地摆脱伤害，重构与父母的关系，开启崭新的生活。

摆脱负面思维，做你能做的

在原生家庭中受到伤害的孩子，在长大之后常常会对父母有所抱怨，比如，一些人会抱怨父母没有本事，没有给自己创造更好的条件；有些人会抱怨父母偏心、重男轻女；还有些人会抱怨父母从小对自己严格管束和过度保护，以致于长大之后性格偏执内向，交朋友、找工作都变得非常困难。

这些抱怨父母的人实则陷入了一种负面思维之中，他们无法通过努力变得强大、自信和独立，于是常常以抱怨父母的方式去逃避自己的责任。因此，如果我们想要摆脱这种伤害，就不能一面依赖着父母，一面又在抱怨父母，而是要先从内心肯定自己，相信自己能够独立起来，变得强大，然后努力从原生家庭中剥离，依靠自己真正地成长起来。需要注意的是，剥离原生家庭并非与父母决裂，而是不再依赖父母。

对于一些还不能靠自己的力量从原生家庭中独立出来的孩子，也可以尝试摆脱负面的思维，这就要学会自我反思，尝试打破对父母的固有认知和看法。比如，当我们觉得父母不爱自己的时候，就要有意识地反问自己："他们是否真的不爱我呢？"这样的疑问会引导我们去回忆和父母相处的各种细节，可能我们就会发现，父母还是爱我们的，只是我们只记住了他们对我们的伤害和忽视，而忘记了他们对我们的关爱。

如果我们能在反思中认识到"父母是爱我的"这一事实，那么，我们慢慢地就能够从那种固化了的负面思维中解脱出来，与父母达成和解。

换位思考，与父母和解

父母并非超人，在觉得父母不理解、不懂我们的时候，我们也要尝试去想，自己是否也了解父母？不管是任何一种关系，只有做到互相理解、互相尊重，才能让关系变得更好。

所以，当我们与父母之间产生隔阂的时候，学会倾听和换位思考，与他们进行一次真诚的沟通，必然会获得比冷战、争吵更好的效果。

想要与父母好好沟通，首先我们自己要改变对他们一贯的看法，不要总认为父母无论如何也不会理解自己，而要尝试去了解他们内心真实的想法，并且努力让他们知道你内心的想法。

其次，要真正地去关心父母，比如，了解他们的成长经历，了解他们喜欢的东西。只有在了解了父母的基础上，我们才能真正地站在他们的角度去思考问题，真正地去理解他们。

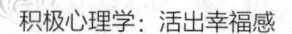

接纳原生家庭的不足

人们常说"家家有本难念的经",每个家庭或多或少都有自己的问题和难处,而当问题和困难出现的时候,一味地抱怨并不会让这些问题消失,反而会让问题越来越严重,最终影响到我们的新家庭。

因此,我们首先要意识到自己所在的原生家庭的不足与问题,然后积极地去面对和接纳,即降低自己的期望,减少自己的需求,接受这种不可和解的状态,尽量做自己能做到的事情,比如多包容和理解父母等。

如果我们能真正地接纳原生家庭的不足,就能够与自己达成和解,如此也就能够平静地面对原生家庭的问题,找到解决问题的方法,逐渐与父母达成和解。

懂得珍惜，让友谊之花开得更灿烂

朋友关系是所有人伦关系中最自然、平等和自由的一种关系。友谊能给我们带来力量，帮助我们走出阴霾，迎接明媚的阳光，让我们对这个世界也多一份热爱和信任。人活于世，没有朋友会非常孤单，会陷入封闭和失落之中。因此，我们要懂得珍惜和呵护友谊，让友谊之花开得更加灿烂。

朋友间要坦诚相待

朋友之间相处，坦诚相待很重要。如果我们平时对朋友遮遮掩掩，不能真诚以待，长此以往，会让朋友觉得我们根本没有拿他当真心朋友，因此也会慢慢疏远我们。

晓晓和小艺是大学同学，毕业之后两人在同一个城市工作，之后两人又一起租房子，成了室友。这原本是非常好的一件事情，两人是好友，又一起合租，可以相互照应，但事情并没有向好的方面发展。

一次，晓晓向自己的同事抱怨自己的室友小艺，说小艺不讲卫生，到处乱放东西，还制造噪音，打扰自己休息。同事劝晓晓可以与小艺沟通一下，说不定事情就解决了。但晓晓无奈地摇了摇头，说还是算了。

直到有一天，晓晓忍无可忍，和小艺大吵了一架。在争吵的过程中，晓晓才知道，小艺也在忍受自己的诸多不好的习惯。

就因为晓晓和小艺彼此心怀芥蒂、不够坦诚，才导致争吵的爆发，最终闹得不欢而散。如果双方开诚布公，彼此告知对方自己心里的想法，想必会是另外一种结局。

朋友间的帮忙，不求回报

有些人交朋友，是建立在利益交换的基础上的，认为自己帮助了朋友，就一定要在其他地方也受到朋友的恩惠，这样他的心里才能平衡。

试想，如果你有这样一个锱铢必较的朋友，你请他帮忙，他便要求你回报他，你下次还会继续找他帮忙吗？其实，真正的朋友之间，帮忙都是诚心实意的，根本不会去考虑回报的问题，如果因为帮了朋友而没有从朋友那里获得好处就心里不平衡，那么与朋友的距离也会越来越远。

懂得尊重和理解，才能建立信任

作家约瑟夫·鲁说："信任是友谊的重要空气，这种空气减少多少，友谊也会相应消失多少。"朋友间相处，要想友谊长存，永远纯粹真诚，那么建立足够的信任，就是其必要的条件。

朋友之间的信任是需要逐步去增加的，坚持以下几点，会让友谊关系变得更加坚固。

第一，答应朋友的事情要说到做到，不可言而无信。如果我们做事言而无信，只会让朋友减少对我们的信任。因此，不能做到的事情，我们一定不要答应朋友，而是要明确地拒绝对方，并说明无法做到的缘由。

第二，对朋友希望我们保密的事情要守口如瓶。能够守口如瓶的人会给人一种可靠、踏实的感觉，能够获得朋友更多的信任。

第三，理解和体谅朋友的难处，不因朋友的拒绝而疏远和责怪朋友。

朋友间的交往要注意分寸

有些人觉得，朋友之间就该无话不谈、无拘无束，做最自然和真实的自己，这是有一定的道理的。但是，友谊非常宝贵，我们要懂得珍惜，要用心去经营和呵护，不能将无话不谈和无拘无束演变成无所顾忌。

李婷、张玉和王晓雅三人是合租的室友，也是多年的好友，李婷的感情之路比较坎坷，之前谈过三任男朋友，如今虽然有一些优秀的追求者，但她总是没有勇气再开始下一段恋情，而张玉就经常拿李婷的这些经历说事。有一次，三人下班回来后在一起闲谈，说到如何找男朋友时，张玉便肆无忌惮地对李婷说："唉！我们不像你，有那么多的追求者，你怎么就有办法让那些人倾心于你呢？真是比不得你的手段。"听了这话的李婷立马变得不开心了，王晓雅赶紧制止张玉，想要转移话题，但谈话最终还是以尴尬收场。

就因为张玉平时说话口无遮拦，李婷尽量避免与她说话，宿舍的气氛因此变得有点奇怪，但张玉还是不自知，自己有什么困难总是会找李婷和王晓雅帮忙。有一次，王晓雅在下班回家的路上接到张玉的电话，让她帮忙去超市买一大瓶水，但王晓雅手里提着很多东西，就拒绝了，张玉就有点不高兴，在宿舍一个劲地抱怨说："王晓雅，你算什么朋友，这点忙都不愿意帮。"王晓雅听了只是摇摇头，不再理她，而且之后开始慢慢疏远她。

朋友之间贵在坦诚，但也要有分寸。张玉就是在说话做事上失了分寸，才让李婷和王晓雅疏远她。

从以上案例中，可以总结出以下几点关于朋友间交往时该注意的分寸。

第一，切忌肆无忌惮、无所顾忌地拿对方的痛处开玩笑或者谈论对方介意的事情，这是触碰对方底线和原则的一种行为，会让对方难以接受和原谅。

第二，朋友间不要道德绑架。比如，我们想要请朋友帮忙，但这件事情让朋友很为难，这时候不要去勉强朋友，更不要站在道德的制高点上去指责朋友。

第三，不要对朋友的事情指手画脚，也不要将自己的意愿强加在朋友的身上。

第四，与朋友的恋人保持距离。即便是关系非常好的朋友，也不应与对方的恋人走得太近，否则也会引起对方的反感。

掌控情绪，职场人际关系可以变得很和谐

职场中，被上司批评、与同事之间产生矛盾等都是让我们产生不良情绪的因素，如果我们懂得如何掌控这些不良情绪，那么在职场中遇到的人际问题也会得到妥善的解决。

学会与同事、领导和睦共处

在日常的工作中，我们与同事、领导之间交流最多的就是工作事

务，那么，我们只要好好与同事、领导配合，一起将工作做好，很多不必要的不良情绪也就不会产生，职场人际关系也会更加和谐。

在与同事、领导相处的过程中，做到以下两点，我们的职场人际关系才会更和谐。

第一，学会包容和理解同事，能够站在同事的角度上思考问题，尊重同事的想法和意见。

第二，针对一些工作任务，要与同事、领导进行细致、具体的沟通，确定好工作的具体内容以及完成的时间之后，再着手去做，这样就会降低因沟通不到位而产生分歧、误会的概率。

有一位领导需要在公司大会议室里洽谈一项重要的合作。前一天他就叫来了员工刘强，对他说："你今天抽时间好好检查一下大会议室，明天有重要的会议"。刘强没有再细问，只是答应了下来。

第二天，这位领导带着合作伙伴进入会议室，看到了落满灰尘的桌椅，闻到了呛人的气味，他赶紧找人简单地收拾了一下会议室，好在合作方还算有诚意，合作谈成了，但领导心中一直很不舒服，觉得在对方面前丢人了。

会议过后，这位领导找来了刘强，并对他一顿批评，刘强心中很委屈，觉得自己并没有做错，领导只是让他去检查会议室，并没有让他去打扫，而他也认真检查了所有设备和桌椅，确定没有问题。

刘强向领导解释了没有打扫会议室的原因之后，领导的情绪也慢慢平静了下来，并向刘强道了歉，同时告诉他，以后工作中有什么不确定的一定要及时沟通。

刘强之所以与领导产生不愉快，就是因为双方没有有效沟通，如果双方合理沟通，这样的事情也就不会发生了。

不要那么快地将情绪传达出来

当我们非常生气、愤怒时，情绪就会变得很激动，从而不受控制地发泄出来，产生极大的伤害性，长此以往，就会让同事、领导觉得我们是容易冲动和不好相处的人，从而导致不和谐的职场人际关系。

那么，当情绪特别激动和暴躁的时候，我们要怎样去掌控它呢？或许过于激动的情绪无法压制，但我们可以尝试放慢其传达的速度。比如在情绪濒临崩溃和失控之际，我们可以强迫自己晚十秒钟再发作，如果在微信中聊天时，要有意识地避免使用语音，而用打字的方式与对方沟通。可能在强行暂停的这十秒之内，或者在打字的过程中，我们就没有之前那么气愤了，也有时间去反思自己，甚至去问自己到底因何而情绪失控，从而让负面的情绪得到一定程度的控制。

用合适的方式宣泄情绪

在职场中，每个人每天都要面临各种各样的压力，长期的压力和不顺心积累起来，就会形成很多负面情绪。如果将积压已久的情绪带

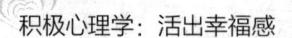

到工作中，这样势必影响工作，也影响与同事的关系，最好的办法就是找到合适的方式，将这种情绪宣泄出来。

负面情绪的宣泄方式有很多，以下为你推荐几种。

第一，跑步和打拳。在情绪非常差的时候，跑步或打拳击都是非常好的宣泄方式。

第二，爬山和旅行。如果时间宽裕，爬山和旅行就是非常好的解压、宣泄情绪的方式。当我们置身在大自然中时，心情会放松很多，心胸也会开阔很多。

第三，听音乐、写日记、阅读。每天下班之后，听听音乐，将自己情绪和压力用日记的方式写出来，或者看看自己喜欢的书，这都是非常好的解压和放松心情的方式。

第四章 真诚以待，建立积极关系 CHAPTER 4

幸福宣言

☆ 只有真诚以待，才能打动人心。以真诚的心与自己在乎的人相处，总能收获很多深情。

☆ 高情商是人生的一笔财富，也是人际交往的通行证。

☆ 倾听、赞美、关爱和理解，是我们每个人在人际交往中能够给予他人的最美好的礼物，有了这些礼物，我们才能与他人建立积极美好的关系。

CHAPTER 5

第五章

绝地反击,在逆境中成长

每个人的一生都不可能一帆风顺，而是会陷入各种困境。当困难来临时，消极悲观的人的反应很可能是"为什么这么对我？""我想我没希望了。"而积极乐观的人的反应则很可能是"没关系，从哪里跌倒就从哪里爬起。""相信自己，可以的。"很多时候，当我们回首往日的艰辛、困苦时，会发现那些困难其实并没有想象的那么可怕，只要我们拥有一颗强大的内心，就有机会绝地反击。

面对挫折，不轻言放弃

挫折不是不可跨越的障碍

挫折，即当我们从事一些有目的的活动时，遭遇的阻碍我们达成目的的障碍。当我们遭遇挫折时，在心理上很可能会表现出抑郁、消极、愤懑等；在生理上可能会出现血压升高、心跳加速等症状，甚至诱发一些疾病。而当心理和生理发生明显反应时，我们就很容易做出一些不利于自己的错误判断和决定，如自我否定、不思进取、降低要求、改变策略、直接放弃等。如果我们以消极的态度面对挫折，那么

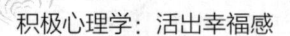

很容易被这个万丈深渊所吞没；相反，如果我们以积极的态度面对挫折，那么将有很大的可能跨越当前的障碍。

其实，困难并没有我们想象得那么可怕，只要我们积极乐观，就有可能克服它。总之，当遭遇挫折之时，我们首先应该明确的是，不管它目前对我们而言有多难，不要轻言放弃。

挫折，让人生更加绚丽多彩

深入大自然，能第一眼就吸引我们的绝对不是被茂密丛林庇护的某棵小树苗，而是长在丛林外，独自面对烈日、风雨、冰霜的某棵参天大树。

不同环境下生长的树都会呈现不同的状态，那么不同环境下生长的人必然也会发展成不同的样子。

有些人觉得挫折如同恶魔，会夺走所有快乐；但也有些人认为挫折更像天使，陪伴他们见证花开花落，面对雨雪风霜，直到生命的尽头。在我看来，挫折更像雨后的彩虹，因为它会给原本平淡的人生增添更多的色彩。

有一位80后职场女性，在外人看来，她事业和家庭双丰收，是别人羡慕的对象。谁能想到，她曾经是一位重度抑郁症患者。她用了近三年的时间才完全摆脱抑郁症。如今的她性格开朗，爱好广泛，善于交际。她说自己以前是一个思想狭隘、喜欢钻牛角尖的人，也承认自己之前除了会工作，其他一切都不会。

据她回忆，因为服药带来的副作用，她每天都是昏昏欲睡，如行尸走肉一般。慢慢地，在医生的建议和家人的陪伴下，她开始尝试着做一些之前没做过的事情，如跑步、化妆、旅行、聚会等。就这样，她的病情从重度变成中度，又从中度变成轻度，直到完全治愈。

这次与疾病抗争的经历让她清醒地意识到保护自己的身心健康有多重要，更感受到了在自己最艰难的时刻，有那么多人在关心着自己，给自己带来了许多温暖。所以，为了自己的健康，也为了更好地陪伴关心着自己的家人、朋友，她开始改变自己，让自己快乐、坚强起来。

如今康复的她不但有了健康的体格，还拥有了更强大的内心。当遇到不开心的事情时，她会想办法先让自己从悲伤、焦虑的心境中走出来，然后寻求解决问题的办法，有条不紊地处理问题；当身边的家人、朋友遭遇困境时，她会用自己的经历告诉亲人、朋友"一切不好的事情都会过去的"，鼓励亲人、朋友振作起来，陪伴亲人、朋友一起渡过难关。可以说，这次对抗挫折的经历让她变得更有力量了，她也在这次挫折中重获新生。

直面挫折，促使你成长

虽然挫折会给我们带来许多艰难困苦，但它也能激励我们不断前行。很多人的成长都伴随着各种各样的挫折。困难像弹簧，你弱它就强，你强它就弱。在挫折面前，你是那个悲观、沮丧、习惯放弃的人，还是那个乐观、坚强、永不言败的人？

生活如同一面镜子，你笑，它就笑；你哭，它就哭。也就是说，成败都掌握在我们自己手中。没有人想要失败，当遇到挫折时，应保持乐观的心态，勇敢直面挫折，战胜挫折，而这一过程也会促使我们不断成长。

挫折会给我们历练的机会，会促使我们不断尝试，让我们不再害怕失败，学会总结经验教训，从而可以更好地前行。

例如，对于教婴儿学走路这件事，如果家长因为害怕孩子受伤而一味地搀扶，不断地叮嘱"小心""别这样，别那样"，那么孩子就很难勇敢地迈出自己的步伐，也会害怕摔倒，那么他们将需要花费更多的时间才能学会走路；而如果家长在确保孩子安全的情况下大胆放手，当孩子发生轻微磕碰时不大惊小怪，而是不断地鼓励"加油，宝贝""没问题的，你可以""太棒了，就是这样"，那么孩子就会更勇敢，通过不断跌倒、爬起摸索出走路的技巧。可见，要成长进步就要多尝试，遇到困难时要有直面困难和战胜困难的决心与勇气。

当你没有通过某个重要考试时，别太难过，因为经历这次考试你已经有所收获和成长。你感受到了考场的威严，熟悉了考卷的考点，也见到了其他考生对考试认真的态度，接下来你只需要埋头苦学，来年再考。

当你没能顺利进入理想的公司时，不要悲伤，因为此次应聘的过程已经成为你很重要的财富。你了解了该公司的主要发展方向，清楚了该公司的企业文化与基本待遇，见到了员工的工作状态，也发现了自己的不足之处，接下来你该考虑是要转移目标，还是继续努力，期待下一次合作的机会。

当你没能如愿赢得比赛时，不要灰心，因为这次比赛已经成了你认识自己与对手的一个途径。你知道了对手获胜的法宝，了解了自己存在的不足，也体会到了赛场上队员们朝气蓬勃的精神，所以接下来你要做的就是坚持训练，下次再战。

逃避挫折，等于放弃机遇

机遇与挑战并存，而挑战往往又与挫折紧密相关。因此，逃避了挫折也就等于放弃了机遇。

人生的机遇非常难得，我们的一个错误决定就可能让我们悔恨终生。虽然遭受挫折让人十分苦恼，但是挫折往往会成为你奋起直追的一种动力。因此，当遇到挫折时，请不要选择逃避，而要采取行动，改变我们当前的状态，直至实现最初的梦想。

为了谋求更好的出路，很多农村里的年轻人选择前往大城市打拼。王明和王山就是这些年轻人中的两个典型。他们来自同一个村庄，而且一起来到北京的一家企业工作。起初，两人因为没有学历和经验，所以只能从最底层的工作做起。虽然两个人每天早出晚归，无比辛苦，但只要想到家里整日面朝黄土背朝天的父母就总会再忍一忍、挨一挨。就这样，他们一干就是一年。

春节将至，两人原本打算买了火车票开开心心地回家与家人团聚，但意外发生了，两人租住的房屋被盗了，准备带回家的现金就这样没有了。看到被翻得一片狼藉的房间，两个人的心凉了一半。这一夜，两人想了很多，想"这一年到头有什么意思呢？""这大城市是不是真的就没有我们的容身之地？"

第二天早上，王山突然对王明说，他想要离开这里回老家。听到这个消息，王明一边安慰王山，让他别为丢钱的事儿上火，一边劝说王山再坚持一两年，兴许会有更好的发展。但这些话王明并没有听进去，而是决定买第二天的车票回家。这一年春节，王明选择留在北京。就这样，王明依然在之前的企业工作着。

几年后，王明凭借自己的努力，得到老板的赏识，被升职加薪。为了不辜负领导对自己的期望，也为了自己最初的目标，他对待工作更加用心。终于，多年以后，王明靠自己的坚持和努力，在北京买了第一套房子。接下来，他又结婚、生子，事业顺利，家庭幸福。如今，他拥有了属于自己的公司。

而当初抵挡不住挫折和打击的王山，现在依然面朝黄土背朝天，没能脱离当初的困境，没能实现最初的梦想。其实，只要再坚持一下，王山说不定也能扭转局势，像王明那样事业家庭双丰收。

可见，命运掌握在我们自己的手中。当挫折出现时，不要逃避，因为挫折很可能是你翻身的一次机遇。

有这样一位女作家，年幼的时候就因为疾病导致高位截瘫，但她身残志坚，永不言败，终于获得了属于自己的成就。在命运面前，她毫不惧怕，没有沮丧和沉沦，而是用顽强的毅力与疾病作斗争，经历种种考验，对人生仍充满信心。虽然她没能像其他正常人一样走进校门，但她靠自学，学会了小学和中学的所有课程，甚至还学习了多门外语。如今的她在翻译和文学创作领域都获得了不小成就。这样一个身体不健全的人都能通过自己的努力追寻自己的目标，那么像我们这样健康的人又有什么理由逃避挫折、放弃机遇呢？

当挫折来临时，不要放大其困难，要客观面对，发现其所携带的机遇。我们可以试着将每一次挫折都当成一次考试，顺利通过了就意味着我们离完美的人生又近了一步。这样，我们才会敢于在逆境中驰骋，沿着自己的目标努力，最终获得成功。

百折不挠，在逆境中反弹

逆境中也能成才

人的一生，有得意的时候，也有失意的时候，有顺境，也有逆境。在顺境中，人会感到一切都如此美好，会在毫无负担和压力的环境中成长，会对任何事情充满信心和勇气。在逆境中，只要意志坚定、谦逊、勤奋，就有很大的机会获得成功。

逆境往往无法给予我们良好的生存环境，也容易埋没我们的才能，但它更容易激起我们的斗志，敦促我们努力前行，激励我们成才。只要我们保持睿智、清醒的头脑应对各种疑惑，只要我们拥有突破逆境的精神，敢于直面各种困难，就有机会成为一个有建树、有贡献的人。

古往今来，在顺境中成才的案例并不罕见，但在逆境中成才的案例更多。比如，伟大的政治家、革命家、思想家马克思的一生就过得非常清苦，但他精神富足，完全放下个人私利，将全世界人的幸福作为自己奋斗的目标，于是提出了解放全人类的思想。可以说，马克思的毕生都在探讨和实践着解放人类的问题。又如，伟大的史学家、文学家司马迁虽然怀才不遇、一生坎坷，但都没有放弃在文学上的追求，创作了有着"史家之绝唱，无韵之《离骚》"美誉的《史记》，用文字为后人留下一大笔财富。

让暴风雨来得猛烈些吧

逆境之中，唯有百折不挠，方能有反弹之力。凡是读过《海燕》这篇文章的读者通常都能脱口而出这样一句话："让暴风雨来得更猛烈些吧"，这是一句最有力量的且最能代表作者当时心境的一句话。当遇到人生挫折时，我们也应该想起这句箴言，并要像文章中的海燕一样拥有坚韧的性格。

面对一个又一个挫折，那些不但没有被吓倒反而更加坚强的人更加值得敬佩。

晓英因为家境贫寒，所以在读完高中后就被父母叫回家务农。在家务农的这些日子里她并不快乐，这不是她想要的生活。她每天除了要去田里干活，还要洗衣、做饭、打扫卫生。虽然离开学校有一段时间了，但她的心始终还在那里。于是，她顶住了来自父母的压力，克服了父母的阻挠，重新返回校园，继续学习，完成自己未完成的梦想。

一年之后，她成功地考取了一所不错的大学，选择了自己喜欢的教育专业。为了减轻家里的负担，她在上大学前的那个暑假，就通过勤工俭学，为自己攒够了第一学期的学费。进入大学后，她非常珍惜当下学习的时间，当其他同学在聊天、逛街、看电影时，她在学习；当其他同学在谈恋爱、聚会时，她也在学习。她坚信，只要努力学习，未来才有希望。

但困难再次降临，就在大学二年级的时候，她突然得了肺结核，不得已只能选择休学。离开学校后，她并没有回家，而是在学校附近租了一个房子。她一边继续自己的学业，一边做一些网络兼职工作。半年之后，她的病终于痊愈。在接下来的时间里，她将全部精力都放在了学业上，并顺利地毕业，拿到了本科学位。

毕业之后的晓英找到了一份不错的工作，也收获自己的爱情和家庭。可是，命运再次来考验晓英。因为工作繁忙，怀孕 28 周的晓英突然早产。因为早产，孩子的身高和体重与足月出生的孩子差很多，必须在保温箱里住一段时间。这段时间，晓英全身心地配合医护人员照看孩子，整个人都憔悴了很多。但晓英不气馁，也不放弃，而是咬牙坚持，终于在几个月之后，孩子健康地出院了。此后，晓英的生活和工作重新走上正轨，迎来美好的未来。

一次又一次的挫折并没有击垮这个女孩，反而让她变得更坚强。

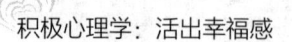

困难来临时，她沉着、冷静，始终坚守着自己的信念。她不甘于平庸的生活，遇到困境也不会直接放弃，而是竭力争取。当暴风雨一次又一次找上她时，她也没有顺势倒下，而是更加坚定、挺拔，迎难而上。

回头来看，当一个人的心理足够强大时，再大的暴风雨对他而言也不过如此。

学会在逆境中反弹

逆水行舟，显然不是一件易事，但只要我们付出更多的努力和艰辛，就一定能成功。想要在逆境中反弹，需要做到以下三点。

1. 要懂得自尊自爱

自尊自爱是做人的准则。当我们有了自尊自爱的人格，在做任何判断和决定时，都能保持一种积极、坚定的态度，采取正确的行动。在顺境之中，不骄傲自满、止步不前；在逆境之中，也不悲观、绝望、轻易放弃。

一个懂得自尊自爱的人，不管在顺境还是逆境中都能保持一种气节；当有了一定的金钱和地位时，仍然很节制，不会任意挥霍；当贫苦穷困难以生存时，也不会轻易改变自己的志向，不会为五斗米而折腰，更不会做不仁义的事情，而是脚踏实地，努力奔赴自己的目标；当遭受到不公正的待遇时，不会屈服于对方，反而会更坚定自己的态度。

驰骋运动赛场、为祖国赢得荣誉的奥运健儿，一定是自尊自爱的。即便在上一次比赛中没能崭露头角，他们也不会灰心丧气，而是更加专注于训练，最终在下一次比赛中逆袭夺得奖牌。还有许多运动员在首次参加奥运会时就登上了领奖台，但他们不骄傲，反而在接下来的训练中更加认真、投入，不断突破自己，取得更好的成绩。可见，自尊自爱的人格是多么可贵。

2. 要放下个人私欲

要想从逆境中反弹，就要从全局出发，不要为了当前的个人利益而忽视了集体的利益。困难来临之时，所要考虑的不应该只是自己，而应该是大家。当遭遇了人生逆境时，再计较自己的得与失，再后悔，再担忧，都是无济于事的。反过来说，当遇到逆境时，如果能坦然地面对得与失，不计较其中的成与败，将其当成人生的一个宝贵经历，毫不惧怕，才有更大的勇气与其抗争，才可能早日摆脱逆境。

大多数成功企业家的创业旅程都不是一帆风顺的，而是经历各种磨难，但他们不计得失，抛下私欲，顾全大局，凡事以企业的发展为核心，最终成就了一番事业。试想，如果企业家在遇到困难、身处逆境时仍然在乎自己的成本和名誉，在做一些重要决定时他们会尽可能地压缩成本，因为碍于情面不敢有求于人，那么就会错过拯救企业的

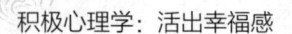

最佳时机，让企业陷入更加艰难的境地。

3. 保持乐观的态度，采取积极的行动

要真正走出困境，既要有乐观的态度，又要有积极的行动。态度消极悲观，会缺乏行动的勇气；态度积极但行动消极，也没法顺利地走出困境。

在逆境中，我们能否坚持抗争取决于我们是否拥有乐观的精神。例如，疾病是可怕的，因为它会让人的身体异常痛苦，也让人的精神临近崩溃，甚至可能会缩短人的生命。当疾病已经来临时，悲观的人会难过、悔恨，甚至会绝望，而乐观的人则会立即振作起来，想办法早日战胜疾病。许多癌症患者在不知道自己生病之前，他们的工作、生活一切其实都是在正常运行着的，但在得知自己生病之后，他们会完全沉浸在后悔、不舍、绝望之中，反而加速了病程，甚至提前离开人世。相反，也有一些患者被告知自己得了癌症之后，虽然他们很清楚自己的生命可能会缩短，但他们放下了恐惧和焦虑，认真地过好生命中的每一分钟，始终保持乐观的心态，甚至有了奇迹的发生。

在逆境中，我们能否最终取胜主要取决于我们是否采取了积极的行动。乐观的精神是一种支撑，成功走出逆境的关键还是要行动起来。行动起来才能改变现状，才有机会扭转局势。

小王的父亲得了一场大病，为了给父亲治病，家里的房子、车子都卖了，还欠了许多外债。父亲出院后不久，很多债主开始上门要债。面对这种困境，小王并没有消沉，而是积极联系亲戚朋友，让他们给自己一些时间，自己一定想办法把钱还上。

安顿好家里，小王立即前往大城市去打工，希望能让父母生活得很好，能够还清所有的债务。小王白天工作，下班后做兼职，每个月工资一到账，留下自己以及父母的生活费，其余全部还账。不到五年的时间，小王终于还清了所有的债务，还在老家为父母重新购买了一套房子。

身处逆境的小王态度乐观，行动积极，终于转逆境为顺境。可见，身处逆境当中，消沉懊悔是没有任何用处的，唯有以乐观的态度去面对，并积极行动起来，才能在逆境中反弹，逆转现状。

充满勇气，与困境博弈

敢做敢为，不畏不惧

勇气是一种敢做敢为、不畏不惧的气魄。遇事时，一些人的第一反应是"太难了，我不行""算了吧""我害怕"等；还有一些人的第一反应是"我试试""我可以""来吧，我倒要看看会怎样"等。在平淡的日子里，一味地退缩会让你的生命愈发显得平庸，只有勇气才能让你看起来更加不凡。在困境面前，怯懦是解决不了问题的，只有勇气是走出困境的唯一动力。

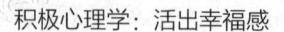

小张是一个专科毕业生，在他毕业之后，小张的父母想让他在老家找一份安稳的工作。但小张没有接受父母的建议，他希望能去大城市打拼一番。对此，小张的父母极力反对，认为这是他的一时兴起，他根本吃不了苦。最终，小张坚持自己的想法，并毅然离开了家乡，前往大城市去闯荡。

小张很清楚自己的情况，也知道一个专科生在大城市打拼会遇到许多障碍，但他不畏惧，也不退缩，认为只要自己努力、坚持，终能做出一番自己的事业。

经过多次的面试和面试失败后，小张开始有些自我怀疑，但很快他就重振精神，鼓励自己。几经周折，他终于被一家服装销售公司录用。进入公司之后，小张认真研究产品和顾客心理，同时发挥自己口才好、情商高的优势，几个月后就成了公司的销售冠军。之后，小张更加努力，没过几年就在大城市里站稳了脚跟，有了自己的房子，也有了自己美满的家庭。

小张是勇敢的，即使知道未来的路可能会很艰辛，但他没有退缩。即便在初入大城市时遭遇很多困难，但他都乐观面对。最终，小张凭借自己的勇气和努力，实现了自己的梦想。可见，在困境面前，你越勇敢，就越有希望。

失去了勇气就相当于丢失了全部

歌德曾说:"你若失去了财产——你只失去了一点;你若失去了荣誉——你就丢掉了许多;你若失去了勇敢——你就把一切都丢掉了。"

当在金钱、地位、情感上失去了许多时,别遗憾,别气馁,因为只要勇气还在,一切都有可能挽回。

生活中你是一个胆小怕事的人还是一个勇于担当的人?大难临头,你会选择逃避还是勇敢面对?

有这样一个故事,一对中年夫妻创业多年,但始终没有起色。一次又一次的失败彻底击垮了这个家庭中的丈夫,使其失去了继续下去的信心,他变得敏感、易怒,甚至开始萎靡不振。慢慢地,丈夫开始酗酒,也学会了赌博,经常夜不归宿。很快,各个债主就找上门来。无奈,妻子只能变卖家里的一切替丈夫还债。起初,妻子鼓励丈夫,只要肯改,以后不再沾染这些不良的习性,还像之前那样肯干,终有一天会成功的。可是,丈夫对此无动于衷,甚至比之前的行为还过分。妻子没办法忍受丈夫的所作所为,最终选择离开。

离开后的妻子变得更加勇敢,因为她知道,只有努力才能为孩子创造更好的生活,才能改变命运。于是,她开始从小买卖做起,用了不到两年的时间,她的生意做得越来越好,不仅买了房,还买了车。相反,她的丈夫在一年前因为没有钱赌博而去盗窃,最终被关进了监狱。胆小、懦弱的丈夫不仅丢掉了人格,还丢掉了事业和家庭,甚至

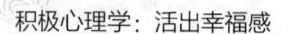

葬送了自己的后半生。

同样是遭遇挫折，丈夫一蹶不振、自暴自弃，甚至身染恶习，而妻子则勇敢坚强，不轻易放弃，最终取得成功。所以，在任何时候，都应具有勇气，有勇气，就有改变困境的机会。

勇气是可以锻造的

面对困境时，一味地胆怯不仅会失去别人的尊重，而且也不利于未来的发展。胆怯退缩是人生发展的一大障碍，也是成长道路的绊脚石。因此，我们要想办法跨越这个障碍，踢走这块绊脚石，勇往直前地走在自己的人生道路上。

1. 树立自信心

一些人之所以在遇到困境时就选择退缩，很可能是因为其缺乏自信，他们会怀疑甚至否定自己的能力，从而因为心理紧张而让原本可以做好的事情变得一团糟。比如，有的人害怕在众人面前讲话，在演讲之前，即便他已经可以背得滚瓜烂熟，但一登台看到那么多观众就会大脑一片空白，最终只能草草结束演讲。

如果你是一个胆小的人，那么请相信自己是有能力做某事的，接下来就要努力做好该做的准备。另外，你要用平常心迎接一些挑战，不要太计较输赢，但要为了这项挑战竭尽所能。

2. 寻找一种动力

虽然有的人胆子很小，但这并不意味着他们就什么都做不成。其实，胆小的人心思是细腻的，如果能在关键时刻获得一种动力，积极行动起来，就能战胜困难，取得成功。

阿豪胆小还有些恐高，所以让他挑战蹦极这项运动是极其艰难的事情。其实，早些年，阿豪尝试过要战胜自己的恐惧心理，想要跳一次，证明给大家看，可当他穿戴好安全装备，一切准备就绪时，最终还是因为害怕而放弃了。

前几天，在公司组织的拓展训练中，阿豪终于突破了自己的心理防线，成功地挑战了蹦极。其实，蹦极当天，阿豪犹豫了很久不敢尝试。最后让他下定决心跳下去的原因是，他看到许多同事在跳之前都会向自己的家人、朋友以及孩子大声说一句"我爱你！"就连平时看着非常柔弱的女同事都成功地跳了下去。于是，他找到同事，让同事帮他记录下他蹦极的过程。当准备工作做好之后，他仍然有退缩的冲动。他感觉自己的心脏都快跳出来了，手心不停地冒汗，两腿打战，几乎没法站立。稍作调整，他开始尝试慢慢向边缘移动。此时，虽然内心极度害怕，但他也非常想借此机会对家人讲几句之前从来没讲过的话，也想让自己的孩子看到自己的勇敢。终于，说完所有的话之后，他闭上双眼，展开双臂，果断地跳了下去。

可见，家人是阿豪的最大动力。即使清楚自己恐高，阿豪也没有

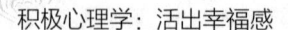

放弃向家人表白的机会。因此，当你遭遇人生困境却不敢面对时，不妨想办法先给自己找到一个足够有说服力的动力，这个动力能够支撑着你从困境中走出来。

3. 找到失败的原因

总有一些人会在失败中失意、沉沦、放弃，最终被失败击垮；但也有一些人在面对失败时不灰心不放弃，而是沉着冷静地找寻失败的原因。很显然，后者的做法才是面对失败的最佳方法，与其在那里患得患失，倒不如行动起来，认真寻找失败的原因，为日后的成功做准备。

比如，你在竞争某个比较重要的职位时没有被选中，此时不必灰心丧气、萎靡不振，应该理性地分析究竟为什么没能赢得竞选。如果是竞争对手都很强，那你就要清楚他们到底哪些方面做得比自己好，要不断向他们学习；如果是自己哪方面做得不够好，那你就要找到原因并及时改正，但不要给自己贴上"笨"的标签；如果是因为投票者并不了解你，没有与你有太多的接触，那就要注意人际关系的维系。

4. 积极与人交往，扩大自己的交际圈

胆怯的人往往害怕与人打交道，这些人往往只有一两个好友，有事的时候彼此联系一番，没事的时候就会封闭自己，进而变得越来越孤僻。胆小的人之所以不与人交往，很可能是因为他们觉得自己不被

喜爱、不被欢迎。其实，每个人的交友观是不同的，有的人是想找到志同道合的人，可以有共同的兴趣和话题；有的人则可能想找到与自己性格互补的人，可以聊另一个他们闻所未闻、见所未见的"世界"，获得一种不一样的感觉。如果我们一味地封闭自己、隐藏自己，那就会丧失结识更多朋友的机会。

因此，为了克服胆小的问题，我们应该积极主动地与人交往，扩大交际圈。比如，当感觉委屈时，我们可以主动找信任的人倾诉。如果对方报以真诚的关心和安慰，那我们就可以继续保持与其沟通，逐渐地建立起友谊。当我们发现有人遇到了困难，也可以伸出援手主动帮忙，这也是结识朋友的好机会。

第五章　绝地反击，在逆境中成长　CHAPTER 5

坚定信念，就能绝地反击

每个人都要有信念

每个人都应该有信念，有了它就有勇往直前的力量。

一对母女有这样的对话，小女孩用期盼的眼神看着妈妈说："妈妈，我好想成为《冰雪奇缘》中的艾莎。"妈妈微笑着回答说："艾莎聪明、勇敢，你要努力才能成为艾莎哦。"小女孩认真地问道："那我要怎么努力呢？"妈妈说："你要努力学习、勇敢乐观，就能成为艾莎。"小女孩频频点头，说："我会的。"

听到这样的对话，你会不会也觉得又有趣又很值得深思呢？对于几岁的小朋友，"成为艾莎"就是她的信念。相信在接下来的一段时间里，她一定会为成为艾莎而努力，她会比一般的孩子更积极、努力，会认真学习。当然，早晚有一天，这个女孩会发现不论怎么努力学习也不可能成为动画片里的艾莎，但她也会慢慢意识到，努力学习确实能让自己收获很多东西。

总之，不论年龄大小，都应该有自己的信念。信念犹如茫茫大海中的灯塔，为你照亮前方的路。

认识信念

如果一个人认为某件事是事实或者一定会成为事实，对于这件事有着自己的判断、观点或看法，那么说明这个人是有信念的。简单地说，信念就是一个人对于其认为的事实或将成为事实的事物充满信心。对事情有着坚定信念的人经常会说："事实就是如此啊！""让我证明给你看。""这样做，一定可以成功。"相反，没有信念的人往往对生活缺乏热情，他们会觉得人生不过如此，会信誓旦旦地说："获得了，又能怎样呢？""我现在挺好。""那么辛苦，何必呢？""算了，我不行。"

通常，一个有着坚定信念的人往往在认识、情感和意志上都会表现出更加成熟、积极的一面；一个人的信念一旦形成就不会轻易改变；一个有着坚定信念的人能够全身心地投入所要做的事情中。因此，有信念的人更容易获得成功。

比如，在 1998 年的洪水中，一名 7 岁的小女孩为了保命，抱着大树与汹涌的洪水抗争了 9 个小时。虽然在这 9 个小时里，她亲眼目睹了家人们的离散、房屋的坍塌、村庄的沦陷，但她始终铭记奶奶的那句话"要抱紧大树，千万不要松开，会有人来救你的"，直到真的等来了救援人员。小女孩从黑夜等到了白天，从未放手，她坚信只要不松手，就能活着。虽然这场水灾夺走了她的许多东西，给她造成了很大的打击，但她一直没有放弃自己，而且立志要成为一个对国家有用的人。如今，通过她不懈的努力，终于成了一名民警，有机会回报社会。可以看出，信念是一个人走向成功的必备素质。

信念让你懂得坚持

如果我们想要拥有更加精彩的人生，那就要有清晰的目标、坚定的信念。前进的道路会经历各种磨难，只要我们心中有信念，就不会停下脚步，就能走出自己的精彩人生路。

有这样一个女孩，因为家境殷实，所以只要想吃的东西会立马得到满足，这就使得她在很小的时候就极度肥胖。年龄小的时候，身上肉嘟嘟的总会让人觉得很可爱。但年龄大一点了之后，当她站在人群中时会异常显眼，甚至会遭到一些恶意的嘲笑。18 岁的她，身高 165，体重 150 斤。她害怕镜子，甚至尽量避开一切可以看到自己身影的物品。

突然有一天，她下定决心要减肥。这是因为她想要成为一名优秀的主持人。为了能以最好的状态参加主持人比赛，她决定利用暑假两个月的时间减肥。于是，她来到了一个减肥训练基地，希望可以在这里减掉身上的脂肪。训练基地有着严格的规章制度，要求每一位会员必须严格执行，否则就取消其训练资格。在训练的过程中，除了要完成高强度的训练，还要吃一些她以前从来不会吃的蔬菜。一天，正当她饥肠辘辘的时候，室友从背包里拿出了一包饼干，试图说服她用饼干充饥。她看着诱人的饼干，最终还是拒绝了。因为她深知，吃了这包饼干，一天的锻炼就白费了。

怀揣着信念，再加上不懈的坚持，她用两个月的时间成功地减掉了30斤。虽然目前她的身材还称不上苗条，但她已经非常满足了。她穿上自己曾经梦寐以求但根本穿不上的裙子，站在镜子面前，望着镜子里的自己，充满了自信。她一边为自己的主持人比赛做着准备，一边坚持锻炼，让自己变得更好。

可见，正是因为她的心中有了要成为主持人的坚定信念，才坚持不懈地减肥，即便减肥之路再艰辛，诱惑再多，她也没有轻易放弃，这正是信念的力量的体现。

你的信念，可以创造奇迹

没有信念的人觉得，信念是可有可无的东西，没有多大价值，于是他们只能平平淡淡地过完一生。而有信念的人，在困难面前不会低头，更不会轻言放弃，他们有更多创造奇迹的机会，也会有更加辉煌的人生。

小军自小失去了父母，一直与爷爷相依为命。在读完初中后，因为爷爷年事已高，没有能力继续供小军读书，所以小军在16岁时就辍学回家。辍学后的两年，小军每天帮着爷爷做一些力所能及的家务和农活。但想到自己的未来，小军心有不甘，觉得自己应该出去闯一下，不能就这样在村里待一辈子。于是，他告别爷爷，远离家乡，来到了大城市。刚到城市里，小军只能找一些简单的工作来做，如洗车、洗马桶等。虽然每天都很辛苦，但他仍乐在其中，而且每个月会按时给爷爷寄钱。小军坚信，只要自己肯努力，这个城市终会有他的一席之地。

一天，他像往常一样在清洁洗手间，这时走来一位穿着体面的男士。这位男士问："你多大了？"小军回答说："我18岁。"男士说："你要一直做这样的工作吗？不打算做一些更有挑战性的工作吗？"小军说："我刚来没多久，能有人给我吃给我住我已经很知足了。"男士说："你还小，你应该多学一点东西，这样以后才能过上更好的生活。如果你愿意，可以到我公司来试试。"起初，小军有点犹豫，怕自己胜任不了。但一想到那位男士说的那句"你应该多学一点东西，这样才能过上更好的生活"，他便下定决心要去试试。

第二天小军就来到了那位男士的公司。男士经营的是一家物流公司，有很多库房，也有很多员工。他安排员工教小军打字，小军学得很快，没多久就能熟练打字了。于是，男士又将公司的打印、复印工作交给小军。之后，又让小军接听一些客户电话，收发一些文件，还为其报了驾照。小军自己也很珍惜每一个学习的机会,后来小军掌握了公司仓库里的许多工作内容,还自学了管理方面的知识。多年以后,小军俨然成了男士的得力助手,手下掌管了几十个员工。一路走来,小军始终铭记那句话:"多学东西,才能更好地生活。"并将这句话作为自己前进的信念和动力。

虽然坎坷的命运让小军失去了继续读书的机会,但他并没有向命运低头,而是牢记信念,勇敢向前,最终创造出更加美好的人生。

如何坚定信念

要成为一个有信念的人,那就要清楚一些道理和掌握一些方法。

其一,要意识到,所有人都会经历困难,所以当困难来临时不要给自己施加太大的压力。要清楚,我们最大的敌人就是自己。人的一生都需要不断地与自己斗争,要修正自己的不足,让自己不再害怕、懒惰、懦弱、嫉妒、愤怒等。比如,传道授业的教师要克服在众人面前讲话声音颤抖的毛病;救死扶伤的医生必须打破晕血的心理障碍;经营餐馆的老板一定要修炼自己的脾气,做到在客人面前面带微笑、和和气气等。

其二,我们可以每天尝试做一件对自己而言有挑战性的事情,但要逐步地提升难度,不要急于求成。比如,要跑步减肥的我们,今天可以跑一公里,后天可以尝试两公里,再过几天跑三公里,慢慢地增加距离。这样，我们就不会觉得跑步是一件很难的事情。如果一个月之后发现自己成功减掉了两斤，那么可以适当地给自己一些奖励，让自己以更好的状态投入下一个阶段的减肥计划中。

其三，在做一些事情之前，我们可以找到一个榜样，多从他们那里找到一些好的经验，然后奔赴自己的目标。比如，看看本月的销售冠军，他平时是几点到公司的和几点离开公司的？他在与客户沟通时都是怎样说的？当遇到麻烦时，他是以怎样的态度面对的？

可见，成为一个有着坚定信念的人并不难，只要不把问题复杂化，理智地分析问题，并鼓足勇气挑战困难，或者找一个榜样去模仿和学习。心中有信念，我们就会心定志坚，并朝着梦想不断努力。

幸福宣言

☆ 没有几个人可以在平淡安稳中度过一生，几乎都行走在崎岖坎坷的道路上。

☆ 挫折并不可怕，可怕的是你还没遇见它时就开始心惊胆颤。

☆ 在挫折面前，你可以悲伤、悔恨，但你不可以放弃。

☆ 失败是成功之母。别老关注自己失败的结果，而要将更多注意力和精力放在改变这种结果的办法上。

☆ 风雨过后，必有彩虹。相信自己，勇往直前，就能绝地反击。

CHAPTER 6

第六章

心有多大，世界就有多大

有句广为流传的励志之语说得非常好:"海到尽头天是岸,山至高处人为峰。"在天地之间,能装下山海的唯有我们的内心。心境宏大者,方能有大格局;拥有大格局,才能成就非凡的自我。所以,任何时候我们都要记住的是,心有多大,世界就有多大;梦有多远,脚步就有多远。

心有目标，梦想就会照进现实

追梦的道路上，希望在成长

在人生前进的道路上，你是否想象过三年以后自己的样子？又是否为了活出精彩的自我，脚踏实地地制定过合理的发展规划和目标追求？

如果身边的亲友长辈询问你这样的一个问题时，你又该如何有信心、有底气地回复他们呢？

可以想象的是，很多人在被问及自身未来的人生发展方向时，往往是一脸迷茫，不知道该从何说起。

也许你即将从学校毕业踏入社会，但对于从事何种职业、有怎样

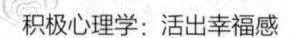

的薪资要求、在哪座城市安定下来等问题，初出茅庐、缺乏社会经验的你，依旧一头雾水，内心充满了焦虑和不安。

也许你已经是一名职场上的老员工了，然而对于如何跳出"职业疲倦期"，在激烈的职场竞争中如何脱颖而出，也常常感到忐忑不安，不知道什么时候才能升职加薪，成为公司领导器重的骨干。

更或者，你频繁地跳槽，却总是找不到令自己满意的工作，是自身能力不够？还是时运不济？为此暗夜中的你，常黯然神伤独自叹息，身心俱疲。

这样的例子还有很多很多。生活中的我们，站在人生的十字路口，大都会出现这种迷茫焦虑的情绪感受，不知道该如何去更好地把握未来，掌控自我命运的发展。

凡此种种，其中的原因是什么呢？实际上，当我们反躬自省，认真审视各自的内心时会发现，其中的原因就在于我们缺乏明晰的理想目标，没有一个合理的人生发展规划，由此各种负面情绪扑面而来，为此痛苦纠结，永远活在平庸之中，活成了自己都讨厌的模样。

纵观古今，凡是能够取得一番伟大成就的人，无一不是在内心深处早已根植下了长远的追求目标。有目标，人生奋斗的方向自然就会清晰无比，乃至能行稳致远；有目标，在追梦的道路上，希望如茁壮成长的幼苗一样，终将成为参天大树，让梦想变成现实。

公元前384年，在古希腊雅典一名普通的商人家庭中，出生了一名男婴。男婴逐渐长大后，家人们发现，他患有口吃的毛病，和人正常的语言交流都存在着困难。原本对他寄予厚望的父亲沉默了，一个口齿不清的孩子，这一辈子能够有什么出息呢？

但是当人们询问这名小男孩有什么志向时，他认真地想了想之后，磕磕巴巴地告诉大家，长大后，他希望能够成为一名著名的演说家，用演说的力量，鼓舞伟大的希腊战士们奋勇杀敌。

他的话语，惹得人们哄然大笑，谁也不肯相信，一个患有先天性口吃的孩子，又如何能够成为出口成章、口齿伶俐的演说家呢？

谁知这名小男孩却不为所动，暗暗向着内心既定的目标努力。为了矫正口吃的毛病，使得吐字发音清晰，在日常练习中，他刻意挑选了几颗锋利的小石头放在嘴里，每天迎着朝阳，一个人不停地练习着。

后来小男孩又发现自己在大庭广众之下，容易犯害羞的毛病，动不动就脸红，不敢主动和陌生人说话。为了克服掉自己脸皮子薄的缺点，他一咬牙，剃光了头发，以此来锻炼自己的勇气。

就这样，他日复一日地练习着，寒暑不移，夙兴夜寐，经过长达十二年的苦练，他终于成为古希腊最为著名的演说家和雄辩家，也因此走上了希腊联军统帅的职位，他就是古希腊大名鼎鼎的德摩斯梯尼。

无独有偶，创立苹果公司的乔布斯，早在他还是一名学生的时候，就暗暗为自己树立了一个人生目标：大学毕业之后，一定要创办一家科技公司，紧紧抓住信息时代发展的浪潮。

为此他不仅大量阅读电脑科技方面最前沿的知识，还经常向当时的惠普董事长写信求教，为了理想的实现，他从未有过任何的胆怯和退缩，矢志不移，终于创立苹果品牌，成为众多企业家学习效仿的对象。

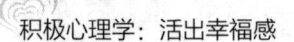

两则小小的故事告诉我们，目标，就是人生前行道路上的航灯，指引着我们奋勇前进。当自我一旦有了一个坚定不移的目标之后，那么在未来几个月、几年内，我们都会无比清楚自身奋斗的意义所在，坚定不移地走下去，前路一定是光明的坦途。

目标制定和目标实现是门大学问

美国钢铁大王卡耐基曾说过这样的一句话："你不能把人推上梯子，除非他自己愿意爬上去。"仔细品味，话语中蕴含着丰富的哲理，正如俗语所说："你永远叫不醒一个装睡的人。"一个人如果不去主动为自己的人生发展设定目标，只是在浑浑噩噩中度日，他们所渴望的成功和梦想，又怎样才会实现呢？

生命没有重来的机会，大好的年华也容不得我们去肆意地浪费，制定目标，确立理想，在目标的指引下，让自己热血沸腾起来，永远保持对生活的激情和对未来的热切期望，让梦想照进现实，那么不妨为自己制定一个人生目标，这才是当下最应该做的事情。

首先，人生目标要合理，切忌好高骛远。

目标的制定是为了实现，实现不了的目标，不应当被称作目标，只能说是一种不切实际的空想罢了。

生活中就常常存在着这样的一些人，一旦说到制定目标，他们好高骛远的秉性就展露无遗，认为目标越大越好，根本不去考虑自身的实际，致使他们望洋兴叹，等到感觉目标太过宏大难以实现时，就又灰心丧气，自甘沉沦。

实际上，目标的制定，要结合自身的实际，充分考虑自身的状态以及职业发展方向等方面，有针对性、导向性和可操作性，合理适度，一步步去实现，才能让梦想变得充盈美好起来。

比如自己热爱美术，想要成为一名出色的画家，那就从如何成为优秀的画家这一目标入手，将自我的兴趣和天分充分发挥出来；反过来，明明喜欢绘画，非要幻想自己成为一名作家，显然这一做法就有点南辕北辙了。

其次，制定目标之后，还应充分认识到实现目标道路上的重重障碍。

既然是目标，就绝非轻松可以完成的事情，无论我们是想要成为科学家、数学家、物理学家，还是音乐家、作曲家，在目标确定了之后，都应明白目标的实现需要百倍的勇气和万分的努力，拒绝自我怀疑，无惧挫折，奋勇前行，才能有美好的结果。

为此我们要对未来始终心怀期待，永葆年轻的心态和昂扬的斗志，明知前路艰辛，依旧一往无前，在目标实现的道路上，熬过人生最为艰难的阶段，必将迎来惊艳的彩虹。

学无止境，用知识武装自己

知识的力量

在这个星球上，数百万年前，人类能够从激烈的万物竞争中脱颖而出，成为地球的"主宰"，依靠的是什么呢？

也许有人会不以为然地回答："这个问题还不简单？依靠什么？当然依靠的是自然进化的结果。"

如果进一步向这些人提问："进化的本质是什么？所有生存至今的生物，都是进化的结果，为何唯独人类能笑到最后呢？"

对于这一问题，想必他们会一时语塞，不知道如何较好地解答，只是人云亦云，将进化视作人类成为"万物之灵"的必然。

我们从不否认进化对促进生物发展的功用，但在根本上，人类的进化相比其他生物，有着本质上的不同。人类在进化的作用下，学会了直立行走，学会了使用劳动工具，也掌握了知识传承的经验，不仅在优胜劣汰的自然法则下站稳了脚跟，攀升到了食物链的顶端，同时还在自身一代代的积累下，创造出了一个生机勃勃的人类社会，以及高度发达、璀璨夺目的人类文明。

那么，其中起到最显著作用的是什么呢？显然是知识，是知识的力量，正是有了知识，才让人类拥有了无穷多的经验和智慧。

所以，我们虽无飞鸟的翅膀、猛兽的利爪，却能扬长避短，从茹毛饮血的远古荒蛮中一路走来，走到了今天社会文明高度发达的时代，并一举成为这个星球的统治者。

当今社会，"知识就是力量"已经成为全人类的共识。每一次大的社会进步或变革，都与知识的大爆发有关，这也是知识对改变人类社会面貌、推动人类文明进程巨大作用的集中体现。

从大的方面看，一个国家或民族是否强大强盛，关键就在于这个国家或民族的知识文化水平如何。一个重视知识、提倡学习的国家，才是最有前途的国家，也才能持续创造出辉煌的物质和精神文明。

工业革命时代，蒸汽机的出现，让人类一步跨入了工业时代；互联网的出现，打开了信息时代的大门，万物互联成了触手可及的现实。试想，人类社会的哪一步发展前进，不是知识力量推动的结果呢？

同样，对于每一个个体来说，自我知识的不断积累，才让我们得以拥有了在这个社会中生存下来的基础。

人们也常说，知识改变命运，有了知识，我们便具有了战胜一切的勇气和信心。在现今知识经济大发展的时代，拥有知识、善于运用知识为我所用的人，往往能更好地把握自身命运的发展路径，成为生活的强者和社会的精英分子。

从更深层的意义上说，知识是智力和创造力的基石。有了知识的土壤，人类自身的智力和创造力才有生根发芽、茁壮成长的可能。

两者之间是一个相辅相成的内在逻辑关系，相互促进，相互提高。知识让人类的智力和创造力得以爆发；反过来，智力和创造力的大发展，又极大丰富了人类的知识储备。离开知识谈智力或创造力，无疑是无本之木、无源之水，梦幻泡影罢了。

活到老，学到老，学无止境

明白了知识的力量，对于我们有什么启发呢？显然，努力学习科学文化知识，用知识来武装我们智慧的头脑，才是我们生存的本质要义之一。

然而，对于生活中的一些人来说，他们固然认识到了学习的重要性，也渴望用知识的力量来武装自己，不过在学习的过程中，他们却常常犯下这样三种错误。

1. 刚学有所获，便骄傲自满，故步自封

知识的海洋无边无际，无穷无尽，正如法国著名哲学家、数学家笛卡尔所说的那样："越学习，越觉得自己是无知的。"

这句话不难理解，因为随着自身知识面的扩大，接触到的知识也越发博大深奥，此时便会感到知识的奥妙无穷和磅礴深邃，也就能收起自高自大的心理，始终虚心向学。

宋代文学家苏东坡，小时天资聪颖，过目不忘，诗词歌赋，看一遍就能背诵出来。这样学习了几年之后，苏东坡开始洋洋自得起来，认为自己的学问已经超越了众人，以满腹经纶自居。

为此在一次过年的时候，骄傲自满的他，在家门口贴了一副对联，上面写道："读遍天下书，识尽人间字。"

对联的口气非常大，苏东坡却不以为然，认为他作为饱学之士，无须谦虚。

谁知过了几天，一位年迈苍苍的老妇人求见他。两人见面后，老妇人从怀中掏出一本古书，向他求教上面的字如何读。

苏东坡定睛一看，不由满面羞愧，自以为学富五车的他，哪知一个字都不认，当下尴尬万分。

苏东坡也知道老妇人是故意来为难自己的，谁让他那样骄傲自满呢？惭愧万分的他，慌忙来到门前，将对联揭下，重新写了一副挂了上去："发愤读遍天下书，立志识尽人间字。"

明白学无止境道理的苏东坡，自此一改目中无人的恶习，刻苦攻读，勤奋学习，终成一代宗师巨匠。

2. 刚学点皮毛，便浅尝辄止

学无止境，不能骄傲自大，更不能刚开始学习没几天，就自以为天下第一，犯浅尝辄止的错误。

一名学生上私塾，老师教授他认字，从一二三开始练起。三天之后，这名学生闹着不去上学了，原来他认为学习太简单了，一二三不过是每个字多一横，这么容易还需要老师教导吗？

他的父亲也以为孩子聪明绝顶，不由沾沾自喜。一次他给朋友写信，让儿子代笔，朋友姓万，儿子躲在房间里，开始写了起来。

大半天过去了，看到儿子还没有出来，父亲前去催问，儿子抱怨说："你这个朋友姓什么不好？非要姓万，我都忙大半天了，还没画完一万个一横。"

这则充满趣味的小故事告诉世人，学无止境，千万不要浅尝辄止，深入地钻研进去，才能学有所成。

3. 只知苦学、死学，不能理论联系实际

学无止境，不仅仅在于学习书本上的理论知识，还要将理论和实际联系起来，指导实践，同时还要从实践中获得新的认知，以补充完善理论知识，做到活学活用，理论和实践相互补充。

我们都知道"刻舟求剑"这一寓言故事，故事的主人公为什么沦为笑柄？只因他做事太过死板，不知变通，空有一肚子理论知识，却不能很好地和实践联系起来，反而做出愚蠢至极的事情来。

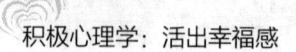

学如逆水行舟，不进则退！学无止境，要求我们要会学、善学以及勤奋努力地去学，摆脱浅薄和无知，切不可有任何自高自大的虚荣心。

尤其在当今这样一个信息化时代，知识的创新和发展一日千里，更要求我们每一个人孜孜不倦地去学，不断地去汲取新的知识营养。唯有如此，我们才能真正成为被知识武装起来的人，通过对知识力量的运用，走向自我人生的辉煌。

创造力，为梦想插上翅膀

世界因创造而精彩

生活中，经常听到人们讨论创造力，分享创新思维，那么什么是创造力呢？

创造力包含个体的知识、智力、能力以及优良的个人品行在内，是人的一种综合能力的体现。拥有创造力的人，脑海里常常会产生新思想，具备创造新生事物的潜质。也正因此，人们也常说，创造力是判断一流人才和三流人才的重要评判标准。

梳理创造力的构成要素不难发现，一方面，在创造力中，个体专业的知识技能，是创造力得以存在的基础。众所周知，创造很难凭空产生，没有充足的知识储备和丰富的社会经验积累，灵感的火花永远不会一瞬间闪现。

观看那些具有强大创造力的人，他们之所以能够在某一领域有所创造和成就，很大原因就在于这部分人在这一领域中有着良好的知识架构。

另一方面，个体的创造能力，以想象力为载体，然后配以敏锐的观察力、专心致志的注意力，从而让想象中的事物得以创造实现。

再者，个体良好的创造力，离不开澎湃的创造动力和兴趣。换言之，创造力是一种积极主动的行为能力，和这种主动性相匹配的，是个体的优良品行。如矢志不移的创造意志，百折不挠的创造毅力，迎难而上的创造意识，极具强烈好奇心的创造思维等，只有具备了这些优良品行，我们在丰富知识架构的基础上，才能不断地"破旧立新"，打破各种枷锁限制，有所发明创造。

比如大师鲁班，上山时双手被锯齿状的野草叶片划伤，一直在思考如何发明一种快速切割木头工具的他，通过敏锐的观察，灵感的火花顿时在脑海内闪现，由此发明了木锯，为人类的社会生活带来了极大的便利。

纵观人类发展史，人类文明的快速迭代发展，人类社会如此丰富多彩，和每一个个体身上所具有的创造力密不可分。

作为人类自身，寻求、探索、发现、创新等，是我们最为原始的本能动力，在这种原始本能的驱动下，世界才缤纷多彩起来。

物质为什么会充分燃烧？在18世纪之前，一些科学家虽然注意到了这一问题，不过受思维的限制，没有进一步地探究这一现象，一直想当然地认为物质的燃烧,是因为一种叫作"燃素"的东西的存在。

然而在1744年,英国科学家普列斯特列在实验中发现,在对氧化汞加热分解时,发现了一种纯粹的气体可以促进物质的燃烧。这是一种什么样的气体呢?是不是以前人们口中所说的"燃素"呢?

带着这种疑问,当他前往法国参加学术交流时,将自己的疑问讲给了著名的化学家拉瓦锡听。善于思考、勇于发现的拉瓦锡,立即从中捕捉到了不一样的信息,他深知这种未知的气体非常值得进一步研究,于是他按照普列斯特列的方法,成功分离出这一纯粹的气体,并给它命名为"氧",由此氧元素和氧气,被人们广泛运用,造福人类。

在电梯发明之初,一开始安装在室内。有一次,美国圣地亚哥地区一家旅馆需要翻修,面临电梯改扩建的棘手问题。

一名长期在该旅馆从事清洁工作的人看到之后,他从自身的工作性质出发,意识到在室内对电梯进行改扩建,费时费力不说,收尾的打扫工作也非常麻烦。

在一番思索后,他建议电梯安装人员,为何不将电梯安装到室外呢?这样一来,所有的棘手问题就都迎刃而解了。

他的建议让大家眼前一亮,经过论证后,确实发现室外安装电梯,利多于弊。从此之后,室外电梯越来越多。

创造力就是如此有趣。有创造力的存在,我们的梦想将会插上腾飞的翅膀,潜艇蛟龙入海,航空飞行器遨游宇宙苍穹,浪漫的想象得以实现,世界更由此变得立体生动、生机勃发。

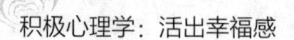

如何让自己富有创造力呢

创造力色彩斑斓，让生命充满意义，也让自我的人生价值得到了充分的体现。富有创造力的人，才能成为时代的佼佼者，问题是，如何开发和提升我们的创造力呢？

1. 持之以恒，长期不懈地坚持下去

没有人可以随随便便成功，同样，对于创造力的提升来说也是如此。

很多时候，人们常把创造力当作灵感的瞬间闪现，这种看法，自然是夸大了灵感在创造力中的作用。实际上，在灵感闪现之前，人们已经为该事物的发明创造付出了大量的心血和汗水。正如一位科学家所说的那样："哪有什么天才，天才不过是99%的坚持不懈和1%的灵感综合在一起的产物。"这句话，用在创造力上也恰如其分。

因此，在日常工作中，当我们呼唤创造力，渴望拥有创造力时，请时刻记住，有时灵感的闪现，就差最后的"临门一脚"，锲而不舍是关键。要敢于接受失败的现实，从哪里跌倒依旧从哪里爬起来，持之以恒，坚持不懈，如此一定能锻造出强大的创造力来。

2. 保持童真心，勇于打破常规

观察身边那些富有创造力的人不难发现，在他们的身上，始终存在着乐观向上、幽默风趣、充满好奇的童真之心。无论遇到任何艰难险阻，他们总能笑对生活，相信希望就在不远处。这颗童心很难得，它是一种倔强秉性，也是一种不认输的心态，更是一种敢于冒险的勇敢行为，没有困难能够击倒他们，始终对新奇的事物抱有强烈的探索欲望。

提升创造力，打破常规的做法也至关重要。生活中，有些人做事畏手畏脚，被条条框框所束缚，食古不化，从未有过打破常规、破旧立新的想法和行为，试问这样下去，又谈何创造力呢？

正确的做法是，应当勇于尝试，敢于做"第一个吃螃蟹的人"。只有如此，才能在不断的摸索中认识新事物，发现新路径。别担心出错，一辈子中规中矩不出错的人，才是最可怕的，无数人的创新，正是在对错误的多次修正中得以实现的。

3. 富有想象力，有想法和创意就应立即付诸实践

一个富有想象力的人，身心总会被激情所围绕，当他们的头脑中一旦产生了一个不错的想法，就会立即想方设法去实践它，在想象变成现实的过程中，创造力自然也就得到了很大的提升。

反观那些爱拖延的人，干什么工作都是拖拖拉拉，纵然有新奇的创意，也总是今天推明天，明天推后天，在拖延中丧失了创造的动

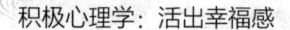

力。对照一下，在实际生活中，我们是不是一个爱拖延的人呢？如果是，请立即改正，否则幻想提升自我创造力，只是奢谈罢了。

创造力，让我们的人生精彩纷呈；创造力，让梦想的翅膀充满张力，向着星辰大海奋勇前进，去成就不平凡的自我。

越专注，越成功

你有多专注，就有多大成就

古希腊著名哲学家、文学家西塞罗曾说过这样一句话："在这个世界上，不论是一个怎样脆弱的人，只要他能够把全部的精力倾注在唯一的目的上，他就一定可以有所成就。"

同样，作家茨威格也曾感慨地说："一个人一旦专注投入进去，可以做到完全忘记时间空间与整个世界，除了工作，好像连自己都不存在，这就是成功的奥秘所在。"

从两位先哲的话语中不难看出，他们不约而同地提出了"专注力"的问题，并通过自身的亲身感悟和人生经验得出一个确凿的结论：能取得人生大成就，攀登成功的巅峰，所有的一切，都离不开人们的专注力。

专注力对促进人生的发展如此重要，那么什么是专注力呢？

简单来说，专注力是一种高度集中的注意力，一旦沉浸在学习或工作中，精神便处于一个全力以赴的状态之中，心无旁骛，专心致志，收摄心神，完全不受外界各种因素的干扰，直到一定阶段学习或工作进度完成为止。

明白了专注力的内涵，我们也会从中领悟到这样一个道理：专注力和个体的人生成就之间，完全可以画上一个等号。一个人拥有多少专注力，决定了他的人生之路能够走多远。

然而，在生活中，很多人常常抱怨，说自己劳碌一生，却一事无成，他们将失败的原因归结为头脑迟钝，时运不济。但事实真的如此吗？

当然不是。一个人能否成功，往往不在于自身的天资有多么聪颖，其中一大关键因素，就在于是否有坚定不移的专注精神。

举一个简单的例子，当人们决定做一件事情的时候，却总是拿出心不在焉的姿态，或三天打鱼，两天晒网，做事虎头蛇尾；或心浮气躁，浅尝辄止。试问缺乏必要的专注力，又如何能圆满完成任务呢？

从本质上看，专注力是定力、意志力和坚持力的综合。一旦认准了一件事情，就要拼尽全力投入进去，矢志不移。就像钉钉子一样，钉子虽小，但只要对准钉入目标，集中全部锐力，便可一举击破。

水滴石穿也是如此。小小的水滴看似柔弱无力，然而在天长日久的聚力作用下，坚硬的石头也会被滴穿，不怕坚持，就怕放弃，不怕弱小，就怕心念如一，专心致志，沉下心来勇往直前，拿出咬定青山不放松的劲头儿，就无难不克，无坚不摧，没有干不成的事儿，这就是专注的道理。

曾有人询问爱因斯坦："你在物理学界取得了如此巨大的成就，那么以你来看，一个人获得成功的第一要素是什么呢？"

人们原以为他会说勤奋、天资、机遇等因素，谁知爱因斯坦却将专注精神放在了第一位，他这样回答大家的提问："对于每一个人来说，能够将你身体和心智的能量，锲而不舍地运用在同一个问题上，并从不会产生厌倦，你就距离成功不远了。"

诚如爱因斯坦所说，专注力的奥妙之处正在于此。当人们将专注力化为内在的动力之后，无论遇到任何难题，都能坦然以对，在每一次攻坚克难中，都能获得无穷的信心和勇气。

著名的寓言故事《愚公移山》，其实讲的也是专注力的道理。为了移开太行、王屋两座大山，愚公率领全家老小和大山较上了劲儿，他的专注精神令人动容。

纵观古今，历史上凡是取得伟大成就的人，他们都如愚公一般，身上有着一股坚韧不拔的专注精神。孔子为了整理先秦典籍，日夜苦读，勤奋不辍，留下了"韦编三绝"的典故；董仲舒为了发扬光大儒家学说，他将自己关在屋子里，三年不出大门一步，终于学有所成，推动汉武帝在大汉王朝初年确立了"罢黜百家，独尊儒术"的文化政策；王羲之为习练书法，数年如一日，朝夕苦练，门前的水池都被他洗毛笔的墨水染黑了。

清代学者纪晓岚一针见血地这样说道："心心在一艺，其艺必工；

心心在一职，其职必举。"这句话的意思是说，无论是做人还是做事，时刻要做到用心、专心，让心静下来，专心致志，就能达到"其艺必工"的良好效果。

其实做到专注并不难

现实生活中，很多人都胸怀梦想，有着远大的理想追求，他们也曾为此努力过，奋斗过，但是为什么取得成功的人并没有那么多呢？

究其原因，还在于这些人在人生目标追求的过程中，缺乏专注精神。做事三分钟热度，今天喜欢这个，到了明天注意力又发生了转移。

想努力考研，然而刚刚背了几个单词之后，就喊叫着太苦太累，很快把复习资料丢在一边；想要减肥，期望拥有好身材，可谁知运动了两天，禁不住美食的诱惑，就又偃旗息鼓，口中嚷嚷着"吃饱了才有力气减肥"的话语，为自己的懒惰开脱；想要在单位做出一番事业，雄心壮志了几天后，就又心灰意冷，向现实妥协……

就这样，我们总是被自身的惰性所打败。要知道许下一个愿望，树立一个目标，这些都非常简单，只需三五秒的时间就可以了。然而，真正要实现它，却往往需要三五年，甚至十年、二十年长期不懈的坚持，远离各种诱惑，持正而行，才能有破茧成蝶、一飞冲天的人生辉煌。

在当今这样一个信息无比丰富、令人眼花缭乱的时代，人们身上最稀缺的品行之一，便是持之以恒的专注精神了，那么在学习、生活中，我们如何才能做到专注如一呢？

首先，专注需要远离诱惑，心静第一。

专注最忌心浮气躁，耐不住寂寞。生活中有些人就常常犯这方面的错误，总是这山望着那山高，做事沉不下心来。

曹雪芹中年开始动笔，誓要写出一部鸿篇巨制，他呕心沥血，披阅十载，终让《红楼梦》横空出世；比尔·盖茨从上大学开始，就专注计算机领域，他数十年如一日，一生就只专注这一件事，最终做成了微软。显然，他们成功的关键因素之一就是无处不在的专注精神。

其次，给自己划出一个时间段，全身心投入。

专注地做一件事情，必须保证有充足的时间，三五分钟的热度肯定不行。最好的办法，就是在认准了目标之后，每天划出一个时间段，心无旁骛地沉浸其中。

比如我们要练习书法，弹奏钢琴，学习舞蹈，当从事这些项目时，给出一个时间段，在这个时间范围内，全身心忘我地投入，如此才能学有所得，学有所成。

越自信，越优秀

不自信的人生是灰色的

在日常生活中，我们经常会看到身边各种各样不自信的事例。

学校里，班级竞选班长，每一位同学都可以踊跃参与。然而，真正的竞选还没开始，很多人就打了"退堂鼓"，心里掂量了一下竞选条件，又看看那些优秀的"种子选手"，认为自己肯定竞选不上，倒不如不去凑热闹为好。

毕业找工作时，一个待遇优厚的职位令人怦然心动，可是在细细衡量之后，便暗暗否定自己说："这么好的工作岗位，不知道有多少人激烈争夺呢！按我的条件，能力不出众，学历又不高，自然不会有希望，何必自讨无趣，还是放弃吧！"

不小心做错了一件事情，不去总结失败的原因，反而会先自责起来："我真是太笨了，这样的小事情都做不好，实在是太无用了！"

生活中诸如这样的事例不胜枚举。在遇到竞争的时候，首先将自己否定，连尝试一下的勇气都没有，就自动偃旗息鼓，主动认输。长此以往，不自信让我们火热的心灵变得冰冷，缺乏朝气、活力和一往无前的冲劲儿与闯劲儿。而且在自身严重不自信心理的作用下，自我也会越发自卑起来。

战国时期，燕国有一位风度翩翩的少年，他家境富裕，自身各方面的条件也非常不错，在别人眼里，他是很多人羡慕的对象，然而在他自己看来，他总认为自己有这样或那样的不足，举手投足缺乏优雅的气质。久而久之，这位少年越来越不自信，和比他优秀的人相处时，总是露出自卑的神色。

在这种自卑心理的驱使下，他最担心外人的嘲笑和讽刺，不过越是这样，他越是疑神疑鬼，最后出门上街，他都觉得自己走路的姿势不对，觉得周围人都对他投来异样的目光。

后来他无意中听说在赵国的邯郸，那里的人们走路姿势非常优美。说者无意，听者有心，少年心痒难耐，想着如果去邯郸学习对方的走路姿势，是不是就不再被人嘲笑了呢？

就这样，少年一鼓作气跑到邯郸，看到这里的小孩走路姿势优雅，就照葫芦画瓢学习模仿；看到老人走路稳重大方，也赶忙照着模仿。

最后，学了半天，他都不知道该怎样走路了，怎么走都感到别扭，总是引来人们的嘲笑声。没办法，少年只好爬着返回了燕国，他的做法，更成了大家的笑柄。

这就是著名的寓言故事"邯郸学步"。这一故事告诉人们，不要对自己不自信，也莫要生搬硬套地去模仿他人，那样做反而会丢失了自己的长处，最终"学虎不成反成猫"，闹出一个大笑话。

由此可见，放任不自信心理的蔓延，会让自我走向自卑，严重者，甚而会自暴自弃，自甘沉沦。

实际上，在这个世界上，没有完美无缺的人存在。正如俗语所说："人无完人，金无足赤。"谁也不是十全十美的，都会有这样或那样的缺点与毛病，只是对方身上的种种缺陷，有时暂时还未被我们发现而已。

我们要学会客观地看待自己和他人，正确对待自身不完美的地方，没有必要总是一副怨天尤人的模样，严重怀疑自我的能力，由此陷入了一个"惯性自卑"的怪圈。

进一步说，因自身的不完美，遇事就止步不前，每逢竞争就畏惧退缩，这也不行，那也不行，长此以往，我们的人生必然是灰色的，永远只能站在低处仰望他人的成功。

请自信一些，你远比你想的还要优秀

现实中不乏一些才华出众的人，却因自卑而丧失了大好的人生发展机遇。他们这些人，原本能力和素养都非常不错，都有取得成功的

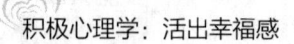

希望，然而正是心灵深处严重的不自信，让他们变成了将自己封闭在一个狭小人生天地中的"套中人"。

实际上，无论在任何时候，只要让自己自信一些，再自信一些，勇敢地投入到未来的奋斗中去，当我们在攻克了前行道路上一个又一个的堡垒之后，将会发现，原来自己远比想象中还要优秀。

所以，请自信一些。我们不妨从以下几个方面入手，将内心隐藏的自卑驱除出去，成为一个脸上洋溢着乐观笑容的人。

1. 要全面客观地认识自我

如何正确客观地认识自我，决定着我们人生的发展路径是否是一片坦途。诚然，我们的身上或许存在着种种的不足，有这样或那样的缺陷，然而，从另一个方面看，我们又有着一定的优点和长处。

虽然我没有聪颖的头脑，但我能吃苦，勤奋和刻苦在很大程度上，可以弥补和他人天资上的差距；虽然我没有漂亮的外表，可是我拥有一颗善良的心，热心待人，助人为乐，我的心比外表更美。

如此全面客观地看待自我之后，我们就会从自卑的氛围中解脱出来，内心将变得强大无比。不再纠结为什么不如别人，也不会遇事畏畏缩缩，裹足不前，担心自己难以胜任了。

2. 相信自己强，相信自己会变强

美国社会学家戴尔·卡耐基曾说："一个人的信心和勇气，可以

让人们产生激昂奋发的情绪，就犹如被'充入了强大的电流'一般，所有的潜力都因此被全部激发出来，这就是自信的魅力。"

自信的人，不仅要有充足的信心相信自己强，还要相信自己能够变强，越是遭遇挫折，越是要愈挫愈勇，迎难而上。因为唯有如此，我们才能在艰难困苦的磨练中脱胎换骨，最终百炼成钢。

3. 心有多大，舞台就有多大

在人生道路上，信心为首。俗话说"心有多大，人生的舞台就有多大"。生命的宽度和深度，以及五彩缤纷的人生高度，全都和我们自身强大的自信心密不可分。

拿破仑在征服欧洲大陆时，有一次他统率千军万马，想要翻越巍峨高耸的阿尔卑斯山，一举击溃敌军。一旁的英国人和奥地利人，却直言嘲笑拿破仑，认为他的这种行为无疑是痴人说梦，欧洲历史上，还从未有一支大军成功翻越阿尔卑斯山。

但令人惊叹的是，凭借强大的意志力和充分的准备，拿破仑成功跨越雄伟的大山，创下了令人惊叹的奇迹。

有着"股神"称号的巴菲特，他的人生信念有这样两条：第一个是不许失败，第二个是灰心失望时，请自觉复述第一条。

不许自己失败，也不许为失败找借口，只管勇往直前，从巴菲特身上，我们是不是悟出了很多道理呢？显然，唯有自信，我们才能成为人生的王者。

幸福宣言

☆ 心有多大，我们的人生舞台就有多广阔；梦想有多远，我们前行的脚步就有多远。

☆ 树立远大的目标，告诉自己一定要矢志不移地走下去，在奋斗拼搏之后，最终必将迎来人生最美的风景。

☆ 人生是一个不断学习的过程，在学习中成长，在学习中进步，梦想因学无止境而变得触手可及，告诉自己，加油！

☆ 激发创造力，提升专注力，是人生成功的两大"秘诀"。

☆ 自信人生二百年，会当击水三千里。自信的人，才魅力无穷，永不言败。

参考文献
REFERENCES

[1] 白幽. 不一样的心灵成长之路 [M]. 北京：电子工业出版社，2012.

[2] 蔡万刚. 超级自律力：管好自己就能飞 [M]. 北京：中国纺织出版社，2018.

[3] 邓如松. 和谐人生谈：关于人生幸福的和谐哲学 [M]. 北京：国家行政学院出版社，2011.

[4] 洪应明，陈国庆. 菜根谭 [M]. 合肥：安徽人民出版社，2001.

[5] 克里斯托弗·彼得森（Christopher Peterson）. 打开积极心理学之门 [M]. 侯玉波，王非，译. 北京：机械工业出版社，2021.

[6] 李冬梅. 重拾快乐时光 [M]. 合肥：中国科学技术大学出版社，2014.

[7] 马丁·塞利格曼（Martin, E.P., Seligman）. 认识自己，接纳自己 [M]. 任俊，译. 杭州：浙江教育出版社，2020.

[8] 缪玮. 这一生，从平凡到卓越 [M]. 北京：当代中国出版社，

2019.

[9] 聂小丹. 可以失败，不能失落 [M]. 武汉：武汉出版社，2010.

[10] 潘鸿生. 想让孩子亲近你，先让孩子信任你 [M]. 北京：北京工业大学出版社，2016.

[11] 秦和鸣. 心理学浅说 [M]. 上海：上海教育出版社，1986.

[12] 施铁如. 心理怎么了 [M]. 广州：广东高等教育出版社，2012.

[13] 苏启文. 青年心理学 [M]. 西安：陕西师范大学出版社，2012.

[14] 汪新建. 西方心理学史 [M]. 天津：南开大学出版社，2011.

[15] 韦志中. 积极心理学：中国人的 68 堂幸福实践课 [M]. 北京：台海出版社，2020.

[16] 吴静雅. 写给女人的哈佛情商课 [M]. 成都：成都时代出版社，2014.

[17] 夏洛特·斯泰尔（Charlotte Style）. 向好而生：积极心理学的 10 大发现 [M]. 丁敏，译. 北京：人民邮电出版社，2020.

[18] 徐畅，吉梅. 心理健康教育 [M]. 合肥：安徽教育出版社，2011.

[19] 许又新. 心理治疗基础 [M]. 北京：中国轻工业出版社，2018.

[20] 杨国青，徐文彬，彭小虎. 要素重构学校课程建设的思考与实践 [M]. 青岛：中国海洋大学出版社，2018.

[21] 叶舟. 你幸福了吗 [M]. 北京：中国国际广播出版社，2012.

[22] 于一鲁. 情商高，就是把情绪控制好 [M]. 贵阳：贵州人民出版社，2019.

[23] 张一弛. 活在当下：停下来看看这个世界 [M]. 北京：中国商业出版社，2016.

[24] 郑雪. 人格心理学 [M]. 广州：暨南大学出版社，2007.

[25] 周锡冰. 幸运垂青勇者 [M]. 长春：吉林文史出版社，2012.

[26] 周羽. 转身去爱 [M]. 北京：中国少年儿童出版社，2018.

[27] 张锦原. 假如挫折邂逅了你 [J]. 文学教育（中），2016,（11）：191.

[28] 韩希. 浅谈积极心理学与幸福感 [J]. 人力资源管理，2016,（11）：269-270.